Neues Hans-Sachs-Haus
in Gelsenkirchen
The New Hans-Sachs-Haus
in Gelsenkirchen

Volkwin Marg
Hubert Nienhoff

Neues Hans-Sachs-Haus in Gelsenkirchen

The New Hans-Sachs-Haus in Gelsenkirchen

gmp FOCUS

gmp · Architekten von Gerkan, Marg und Partner

Verortung

Location

51° 31' N, 07° 06' O

Gelsenkirchen ist eine junge Stadt, in ihren heutigen Grenzen hervorgegangen aus dem Zusammenschluss mit den Gemeinden Buer und Horst im Jahr 1928. Bis Mitte des 19. Jahrhunderts noch eine landwirtschaftlich geprägte Kleinstadt im beschaulichen Emschertal wurde Gelsenkirchen mit dem Bergbau und dem Anschluss an die Eisenbahn zu einer der bedeutendsten Kohlestädte Europas und damit sowohl Industrie- als auch Großstadt. Fördertürme, Hochöfen, Stahl- und Walzwerke, Gießereien und Kokereien prägten fortan das Stadtbild. Auf der Suche nach „schwarzem Gold" strömten tausende Zuwanderer, zunächst aus den preußischen Ostprovinzen, nach dem Zweiten Weltkrieg hauptsächlich Gastarbeiter aus Süd- und Osteuropa, in die „Stadt der 1000 Feuer"- wo einst mit unzähligen Fackeln das überschüssige Koksofengas verbrannt wurde.

Gelsenkirchen is a young city, which, with its current boundaries, is the result of a merger of the Buer and Horst municipalities in 1928. Up to the middle of the 19th century Gelsenkirchen was still mostly a small agricultural town in the idyllic Emscher valley. Following the development of the mining industry and a railway connection, it became one of the most important coalmining cities in Europe and, as a result, grew into a large industrial city. From then on, the city's skyline was dominated by mine head towers, blast furnaces, steelworks and rolling mills, foundries, and coking plants. In search of the "black gold," thousands of immigrants came to the "city of a thousand fires"– where a large number of flares could be seen burning the excessive gas from coking plants. The first waves of immigrants came from the eastern provinces of Prussia and later, after the Second World War, the influx consisted mostly of guest workers from southern and eastern Europe.

Berlin
Gelsenkirchen
Deutschland
Germany

Glück auf!

Aufgrund seiner wirtschaftlichen Bedeutung wurde Gelsenkirchen am Ende des Zweiten Weltkriegs zu großen Teilen zerstört. Bombenschäden führten zur Stilllegung der Zechen, die jedoch den Betrieb nach Kriegsende bald wieder aufnahmen: In den Nachkriegsjahren waren Kohle und Stahl begehrte Rohstoffe, und die Montanindustrie im Ruhrgebiet erfuhr einen neuerlichen Aufschwung. Mit der „Kohlekrise" Ende der 1950er-Jahre, der stetig sinkenden Nachfrage nach Steinkohle, setzte im Ruhrgebiet allmählich ein Strukturwandel hin zu einer differenzierteren Wirtschaft mit Schwerpunkten im Bereich Wissenschaft sowie im Dienstleistungssektor ein: Die Zechen wurden nach und nach geschlossen, tausende von Arbeitsplätzen in der Montanindustrie gingen verloren. Bis heute arbeitet Gelsenkirchen am Aufbau zukunftsweisender wirtschaftlicher und sozialer Strukturen.

Das Hans-Sachs-Haus ist Symbol und Zeitzeuge dieser bewegten Stadtgeschichte. Aber auch - und das ist von mindestens ebenso großer Bedeutung für die Bürger dieser Stadt - ein Ort, der neue Identität stiftet und die Weichen stellt für die zukünftige Entwicklung.

Black Gold!

Owing to its commercial importance, large parts of Gelsenkirchen were destroyed at the end of the Second World War. Bomb damage resulted in mines being closed down, but operations were soon resumed after the end of the war; in the post-war years, coal and steel were much-needed raw materials, and the mining industry in the Ruhr area experienced new growth. As a result of the "coal crisis" at the end of the 1950s, sparked by a continuous decline in the demand for bituminous coal, the Ruhr area gradually underwent structural change, aiming for a more diverse economy with a focus on science and the service sector; the mines were closed one after the other, and thousands of jobs were lost in the mining industry. Today, Gelsenkirchen is still very much focused on creating forward-looking economic and social structures.

Hans-Sachs-Haus is a symbol of and witness to this colorful history. But it is also—and this is at least as important to the citizens of this city—a place that is creating a new identity and laying the foundations for future development.

Gelsenkirchen in Zahlen

Fläche:
105 km²

Bevölkerung:
260.368

Gelsenkirchen in Figures

Area:
105 km²

Population:
260,368

Gelsenkirchen Stadtgebiet
Gelsenkirchen city area

Das neue Hans-Sachs-Haus

Frank Baranowski

Die Rückkehr des Hans-Sachs-Hauses war ein lang erwarteter, spannender und, wie ich finde, auch großartiger Moment. Als sich die Türen des neuen Hauses öffneten, kamen viele tausend Bürgerinnen und Bürger unserer Stadt, schauten sich den Neubau an, erkundeten das soeben fertiggestellte Rat- und Bürgerhaus in der Gelsenkirchener City, verglichen es mit seinem Vorgänger. An jenem Wochenende im September 2013, das kann man sicher so sagen, haben die Gelsenkirchenerinnen und Gelsenkirchener das Hans-Sachs-Haus in Empfang und wieder in ihren Besitz genommen. Seitdem nutzen und schätzen sie es, nicht nur als Sitz von Rat und Verwaltung, sondern auch als Veranstaltungsort, als Standort einer Ausstellung zur Stadtgeschichte und als regelmäßigen Treffpunkt mitten in ihrer Stadt.

Das Hans-Sachs-Haus in Gelsenkirchen ist ein besonderes Gebäude mit einer besonderen Geschichte. Zu dieser Geschichte gehört, dass es dieses Haus in gleich zwei Ausfertigungen gab und gibt. Das alte, das erste Hans-Sachs-Haus wurde von Alfred Fischer entworfen und in den Zwischenkriegsjahren errichtet. Zu dieser Zeit, 1927, war es mit seiner charakteristischen Backsteinfassade ein mutiges und starkes Statement zur ästhetischen und kulturellen Moderne. Und es wurde auch deshalb über die Stadtgrenzen hinaus bekannt, weil es das weltweit erste Farbleitsystem in einem öffentlichen Gebäude enthielt.

Über viele Jahrzehnte – Jahrzehnte, in denen unsere Stadt einen fast beispiellosen wirtschaftlichen und sozialen Wandel erlebte – bildete das Hans-Sachs-Haus das Zentrum des Gelsenkirchener Lebens. Mehrere Generationen haben in diesem Haus gearbeitet und Stadtpolitik betrieben, haben Pässe ausgestellt bekommen, haben geheiratet, Konzerte besucht, deutsche Fußballmeisterschaften gefeiert (ja, auch das hat sich an diesem Ort zugetragen!) und andere denkwürdige Momente erlebt.

Zu Beginn des neuen Jahrtausends schien diese Geschichte jedoch zu einem Ende gekommen zu sein. Die Gelsenkirchener Stadtpolitik stand vor einer ausgesprochen schwierigen Entscheidung: Das Hans-Sachs-Haus war baufällig geworden und, wie sich später herausstellte, kaum mehr zu sanieren. Was also tun mit diesem für die Stadt so wichtigen Bauwerk? Konnte sich jemand die Gelsenkirchener City ohne das Hans-Sachs-Haus vorstellen? Zahlreiche Bürgerinnen und Bürger konnten das nicht und wollten es vor allem auch nicht; viele haben sich darum für den Erhalt des Hauses stark gemacht.

Schließlich ist es uns gemeinsam gelungen, eine besondere Lösung zu realisieren: Ein neues Gebäude sollte entstehen – aber unter Erhalt der alten stadtbildprägenden Original-Fassade. Es sollte ein Haus entstehen, das sich architektonisch auf der Höhe der Zeit befindet, das als Rat- und Verwaltungshaus funktioniert, das aber auch dem Geist und den besonderen Qualitäten des alten Hans-Sachs-Hauses gerecht wird – sowohl als Baukunstwerk wie auch als öffentliches Gebäude. Das war ohne Frage ein ambitioniertes Programm. Dieser Auftrag stellte die Architekten wie auch viele der beteiligten Gewerke vor echte Herausforderungen. Entsprechend hat es auch seine Zeit gebraucht, bis er zur Gänze umgesetzt war. 2013 war es dann so weit.

Wie sehenswert das neue, von den Architekten von Gerkan, Marg und Partner entworfene Gebäude geworden ist, das zeigt dieser Band. Und diese Qualitäten, da täuschen die Fotos nicht, spürt man auch vor Ort und im Alltag. Viele Gäste sind vom neuen Hans-Sachs-Haus beeindruckt, das höre ich immer wieder. Auch die Beschäftigten der Stadt Gelsenkirchen arbeiten hier gerne, und dabei beziehe ich mich mit ein. Auch ich freue mich immer wieder, hier tätig sein zu dürfen.

Am meisten aber freut mich, dass es uns gelungen ist, ein angemessenes und würdiges Haus für unsere lokale Demokratie zu errichten. Wie schon sein Vorgänger ist das neue Hans-Sachs-Haus eine wichtige Ortsmarke in unserer Stadt. Es ist ein Haus der Bürgerinnen und Bürger, es wurde von ihnen sofort angenommen und steht ihnen Tag für Tag offen. Es repräsentiert dieses Gemeinwesen und bietet uns als Stadtgesellschaft eine Bühne. Und dazu passt sehr gut, dass es genau das lichte, helle und transparente Haus geworden ist, das wir uns gewünscht haben. Diese Transparenz und Würde, die die Architektur verspricht, die wollen wir auch in unserer täglichen Arbeit einlösen.

The New Hans-Sachs-Haus

Frank Baranowski

The return of Hans-Sachs-Haus was a long-awaited, exciting, and—in my view—also grand moment. When the doors of the new building opened, many thousands of citizens came and inspected the new building, browsing around the just-completed town hall and citizens' hall at the center of Gelsenkirchen, comparing it with its predecessor. On that weekend in September 2013, I think that is safe to say, the Gelsenkircheners welcomed Hans-Sachs-Haus, and once again made it their own. Since then they have been using and appreciating it, not only as the seat of the council and administration, but also as a venue for events, as the place of an exhibition on the city's history, and as a regular meeting place at the center of the city.

Hans-Sachs-Haus in Gelsenkirchen is a special building with a special history. Part of this history is that this building existed—and exists—in two versions. The old, the first Hans-Sachs-Haus, was designed by Alfred Fischer and built in the years between the wars. At that time, in 1927, the design—with its characteristic brick facade in the style and reflecting the culture of the Moderne movement—was a brave and strong statement in terms of its aesthetics. Furthermore, the building became known beyond the city boundaries because it contained the world's first color guiding system in a public building.

Throughout many years—years in which our city experienced almost unequalled economic and social change—Hans-Sachs-Haus was the center of public life in Gelsenkirchen. Several generations have worked in this building and pursued city politics, have issued passports, have married, attended concerts, celebrated German football championships (yes, this too happened at this place!), and experienced other memorable moments.

However, at the beginning of the new millennium, this history seemed to have come to an end. Gelsenkirchen's politicians faced a rather difficult decision—Hans-Sachs-Haus had become dilapidated and, as it turned out later, was almost beyond refurbishment. So what could be done with this building that was so important to the city? Was there anybody who could imagine Gelsenkirchen without Hans-Sachs-Haus? Many citizens could not imagine that and, above all, did not want that; therefore many stood up for retaining the building.

Finally, we succeeded together in finding a special solution—a new building was to be created while retaining the old original facade with its impact on the cityscape. The intention was to create a building that architecturally reflects the state of the art, that functions as council and administration building, but that also does justice to the spirit and special qualities of the old Hans-Sachs-Haus—both as an architectural monument and a public building. There is no doubt that this was an ambitious program. This contract presented the architects and many of the trades involved with serious challenges. It is therefore no surprise that it took a while until the plan was fully completed. Then in 2013, it was achieved.

How attractive this new building designed by the architects von Gerkan, Marg and Partners is can be seen in this volume. And these qualities—the photographs don't exaggerate—can also be felt every day in the building itself. Many guests are impressed by the new Hans-Sachs-Haus—I am told that over and over. Likewise, the employees of the Gelsenkirchen municipality like working here, and I include myself in that. Me too, I am happy to be able to work here.

But most of all I am pleased that we have managed to construct an adequate and dignified building for our local democracy. Just like its predecessor, the new Hans-Sachs-Haus is an important landmark in our city. It is a building for the citizens; it was immediately accepted by them and is open to them every day. It represents this municipality, and provides us, the community, with a stage. And it is therefore very fitting that it turned out to be the bright, light, and transparent building that we wished for. This transparency and dignity promised by the architecture, this is what we want to reflect in our daily work.

Herkunft mit Zukunft

Volkwin Marg

Alles hat seine Zeit - und mit der Zeit wandeln sich Gesellschaft und Architektur.

Die erste deutsche Demokratie nach dem Ende wilhelminischer Regression war von sozial-demokratischer Reformation geprägt, von Baugenossenschaften, Konsumgenossenschaften, versichernder Volksfürsorge, Arbeiterwohlfahrt und Fortbildung in Volkshochschulen.

In diesem Geiste hatten sich die Gelsenkirchener in den 1920er-Jahren während der kurzen Zeit, die der Weimarer Republik vergönnt war, ihr neues Rathaus gebaut. Eine demonstrative Blockrandbebauung im Stile expressiver Sachlichkeit.

Keine traditionelle Architektur-Metapher für hoheitliche Herrschaft, sondern eine backsteinerne Trutzburg städtischen Gemeinschaftslebens: Rathaus, Hotel, Geschäfte und in der Mitte ein Saalbau samt Orgel mit vier Manualen für bürgerliche Geselligkeit. Hier fanden politische Selbstbestimmung und kulturelles Leben zusammen - ein wirkliches Bürgerhaus.

Die zweite deutsche Demokratie griff nach Hitlers katastrophalem Interregnum diese Gesinnung wieder auf. Sie erstarkte in sozialer Marktwirtschaft, und die Gelsenkirchener bauten ihr Hans-Sachs-Haus so gut es ging aus Trümmern wieder auf.

Als aber 2001 der Betrieb des Saales wegen Baufälligkeit eingestellt wurde und die Sanierung des den Saal umgebenden maroden Rathauses scheiterte, wurde man sich des drohenden Verlustes früheren bürgerlichen Gemeinschaftslebens schmerzlich bewusst, und so beharrten die Bürger zur Bewahrung ihrer Erinnerung zumindest auf der Erhaltung der umfassenden Backsteinfassaden.

In einem Planungswettbewerb wurden neue Inhalte für das historische Gemäuer gesucht, das an die geschätzten Traditionen Gelsenkirchener Bürgersinns erinnert. Der Wettbewerb war eine Herausforderung für uns Architekten, da wir nicht nur dieses architektonische Äußere als Erinnerungsträger bewahren, sondern vielmehr mit Raumangeboten im Inneren die ursprüngliche Verbindung von politischem und kulturellem Leben aufs Neue ermöglichen wollten. So haben wir das zentrale Atrium als haushohen Hof für Ausstellungen angelegt und unter dem Ratssaal eine flexibel nutzbare Mehrzweckhalle geschaffen, mit dem Atrium als Foyer, die in Verbindung mit Ratssaal und Fraktionsräumen sogar Raum für externe Veranstaltungen und Kongresse bietet.

Besuchenden Schülergruppen wird mit einer informativen Ausstellung in den Gängen der Rats- und Fraktionssäle die Geschichte Gelsenkirchens nahegebracht; der großen Verbundenheit zwischen Bürgern, Stadt und Hans-Sachs-Haus wird im Parterre des Atriums mit einem Mobile Ausdruck verliehen, das - in laufender Aktualisierung - Porträts Gelsenkirchener Bürger zeigt.

Wir haben „Herkunft" nicht nur als Bewahrung der denkmalgeschützten Fassaden verstanden, sondern vor allem auch als zukunftsweisendes Angebot für die räumliche Verbindung von Politik und Kultur. Denkmalschutz bedeutet für uns in erster Linie ein inhaltliches Weiterbauen.

Provenience with a Future

Volkwin Marg

Everything has its time—and with time, society and architecture change.

The first German democracy after the end of Wilhelminian regression was the product of social democratic reformation, featuring cooperative building associations, consumer associations, social security provisions, workers' welfare, and further education in adult education centers.

In this spirit, the people of Gelsenkirchen built their new town hall in the 1920s, during the short period of time the Weimar Republic lasted – an ostentatious block-edge development in the style of expressive objectivity.

No traditional architectural metaphor for sovereign authority, but instead a brick fortress of urban civic life, town hall, hotel, and shops – around a hall with its own organ with four manuals for the entertainment of the citizens. This is where political self-determination and cultural life came together – in a genuine civic hall.

The second German democracy, after Hitler's catastrophic interregnum, resurrected this ethos and grew stronger on the back of the social market economy; from the rubble of the town hall, the Gelsenkirchen citizens rebuilt their Hans-Sachs-Haus, including the citizen's hall, as best they could.

However, when the use of the hall had to be discontinued because of its degree of dilapidation, and the refurbishment of the surrounding derelict town hall failed, people became painfully aware of the imminent loss of former civic life, and as a result the citizens insisted on retaining at least the external brick facade in order to safeguard their memory of it.

The design competition for new content behind the old walls, which were a reminder of the valued traditions of Gelsenkirchen citizenship, was a challenge for us architects. We wanted to not only safeguard this memory with the architectural exterior, but also reinstate the original connection between political and cultural life in a new way by providing appropriate facilities on the inside. We therefore designed the central atrium as a building-high courtyard for exhibitions, and created a multi-purpose hall for flexible use beneath the council chamber, with the atrium as foyer, which, in combination with the council chamber and party faction rooms, even provides space for external events and congresses.

The informative exhibits on the history of Gelsenkirchen along the walls of the corridors of the council chamber and party faction rooms are intended for students, while the citizens can enjoy the mobile in the atrium that shows their faces. In order to keep up to date, the intention is to keep adding new faces from contemporary citizen portraits.

Our understanding of "provenience" goes beyond the mere preservation of the listed facades, and includes, above all, forward-looking facilities for the spatial connection between politics and culture. For us, the preservation of historic monuments means, above all, continuing to build with the original intent.

Wandel ist immer ...

Das Hans-Sachs-Haus als zentraler Ort der Stadtgesellschaft und der Stadtgeschichte Gelsenkirchens

Stefan Goch

Zeche Nordstern, 1927
The Nordstern colliery, 1927

Rathausbauten sind Repräsentationen der Stadtgesellschaft und der Stadtgeschichte sowie der Gestaltung des öffentlichen Raumes. Das gilt auch für das Gelsenkirchener Hans-Sachs-Haus, das nicht Rathaus heißt, aber eines ist.

Das Hans-Sachs-Haus ist der Sitz des Rates der Stadt Gelsenkirchen, in dem die gewählten Vertreterinnen und Vertreter der städtischen Gesellschaft zusammentreffen, „um alle Angelegenheiten der örtlichen Gemeinschaft im Rahmen der Gesetze in eigener Verantwortung zu regeln" – so das Grundgesetz (Art. 28). Der von den Gelsenkirchenerinnen und Gelsenkirchenern gewählte Oberbürgermeister leitet vom Hans-Sachs-Haus aus die Verwaltung und vertritt die Menschen der Stadt und ihre Interessen.

Auch wenn Planung und Bau etwas dauerten, ist das Hans-Sachs-Haus ein Produkt der Aufbruchbewegungen der Weimarer Demokratie. So machten sich die Stadtväter und -mütter 1921 erstmals Gedanken über die Notwendigkeit eines neuen Bürogebäudes für die Stadtverwaltung, die mit dem Ausbau der öffentlichen Daseinsfürsorge zu diesem Zeitpunkt zahlreiche neue Aufgaben erhielt. Eine Erweiterung des alten Rathauses von 1897 mit seiner mittelalterlichen Anmutung wurde verworfen.

1921/22 fanden stattdessen zwei Architekturwettbewerbe für ein öffentliches Gebäude mit verschiedenen Funktionen (Rathaus, Büros, Hotel, Gastronomie, Ladenlokale, kulturelle Nutzungen) statt. Ein Entwurf des Essener Architekten Alfred Fischer wurde ausgewählt. In der krisenhaften Anfangszeit der Weimarer Republik, im Ruhrgebiet nicht nur aufgrund der Hyperinflation, sondern auch aufgrund der Ruhrbesetzung, konnte erst 1924 mit dem Bau begonnen werden. Im Stile des Backsteinexpressionismus, der die Oberflächengestaltung der Zechen und Industriebauten in der Region aufgriff, schuf der Architekt Alfred Fischer mit der Sachlichkeit des Werkbundes und den klaren Linien des Bauhausstils eines der eindrucksvollsten Bauwerke der 1920er-Jahre im Ruhrgebiet.

1926 wurde der Name des Gebäudes in einem öffentlichen Wettbewerb ermittelt. Mit der Benennung nach Hans Sachs, dem Meistersinger und Dichter aus Nürnberg (1494–1576), stellte sich die aufstrebende Großstadt Gelsenkirchen ganz bewusst in die deutsche Tradition und Geschichte. In dem dann 1927 feierlich eingeweihten Gebäude half den Besuchern ein innovatives Farbleitsystem des Künstlers Max Burchartz bei der Orientierung. Die Integration eines großen Konzertsaals, eines Hotels (bis 1957), von Gastronomie und Ladenpassage machte aus dem Haus einen zentralen Ort für die Menschen der Stadt. In den folgenden Jahren wurde das Hans-Sachs-Haus mit seiner prägnanten Architektur zu einem Symbol der Stadt.

Im Hans-Sachs-Haus hatten nun Dienststellen der Stadtverwaltung ihren Sitz. Nach der Zerstörung der Weimarer Demokratie arbeiteten auch die Schreibtischtäter des „Dritten Reichs" dort. Nachdem es im Zweiten Weltkrieg lange verschont geblieben war, trafen kurz vor Kriegsende, am 19. März 1945, vier Bomben das Gebäude. Zwei Drittel der Hauptfassade stürzten vollständig ein, 81 Menschen wurden im öffentlichen Luftschutzraum im Keller des Gebäudes von Schuttmassen erdrückt.

Nach der Befreiung vom Nationalsozialismus konnte erst ab Mitte 1946 mit dem Wiederaufbau begonnen werden. Nachdem in der zweiten Hälfte der 1950er-Jahre ein wenig passender Anbau errichtet worden war, rückte erst in den 1990er-Jahren der Wert des historischen Gebäudes ins öffentliche Bewusstsein.

Change Is Always...

Hans-Sachs-Haus – a Focal Point for Gelsenkirchen's Citizens and the City's History

Stefan Goch

Town hall buildings represent the society and history of their cities and play an important role in the design of public spaces. This also applies to Hans-Sachs-Haus in Gelsenkirchen, which is not called a town hall but nevertheless functions as one.

Hans-Sachs-Haus is the home of the council of the city of Gelsenkirchen where the elected representatives of the citizens meet "in order to deal with all matters of the local community under their own responsibility, as prescribed by law" (Article 28 of the German Constitution). From Hans-Sachs-Haus, the Lord Mayor elected by the citizens of Gelsenkirchen heads up the administration of the city and represents its people and their interests.

Even though the design and construction took some time, Hans-Sachs-Haus is a product of the spirit of change that proliferated during the Weimar democracy. In 1921, the city fathers and mothers, and the administration, first began to contemplate the necessity of a new office building for the city administration, which, following the expansion of public welfare, was facing numerous new duties. An extension to the old town hall dating from 1897 – with its medieval appearance – was rejected.

In 1921/22, two architectural competitions were held for a public building with various functions (town hall, offices, hotel, restaurants, retail shops, venue for cultural events). A design by the Essen architect Alfred Fischer was selected. During the beginning of the Weimar Republic with its crises, including hyperinflation and the occupation of the Ruhr area by France and Belgium, it was not possible to start construction until 1924. In the style of Brick Expressionism, which combined the surface design of the collieries and industrial buildings of the region with the functionalism of the Deutscher Werkbund and the clean lines of the Bauhaus style, Alfred Fischer created one of the most impressive buildings of the 1920s in the Ruhr area.

In 1926, the name of the building was determined in a public competition. By choosing the name of Hans Sachs (1494–1576), the master singer and poet from Nuremberg, the up-and-coming city of Gelsenkirchen made a conscious decision to espouse German tradition and history. The building, which had its inauguration ceremony in 1927, featured a color guiding system by the artist Max Burchartz, which helped visitors find their way. With the large concert hall, the hotel (until 1957), restaurants and shopping arcade, a focal point had been created for the people of the city. In the years that followed, Hans-Sachs-Haus, with its succinct architecture, became a symbol of the city.

Hans-Sachs-Haus now accommodated departments of the city administration. After the demise of the Weimar democracy it was also the place from where some of the pencil-pushing perpetrators of the Third Reich did their work. After the building was spared for a long period during World War II, it was hit by four bombs shortly before the end of the war, on March 19, 1945. Two thirds of the main facade collapsed completely; 81 people in the public air-raid shelter in the cellar of the building were smothered by masses of debris.

After the liberation from National Socialism, reconstruction could not be started until the middle of 1946. An ill-fitting extension was added in the second half of the 1950s and it was not until the 1990s that the value of the historic building became prominent in the public's awareness. However, as finances were in short supply, the necessary renovation of the building could not be afforded. In 2001, the great hall was closed due to concerns over its safety. Taking into account the long years of neglect, it was decided that the entire building should be refurbished. A majority of the city council decided to refurbish Hans-Sachs-Haus using the model of a public-private partnership (PPP).

In 2002, Hans-Sachs-Haus was vacated. During the work that was then carried out, it soon became apparent that the building suffered from enormous construction defects from the past. In the course of the following three years the cost estimates for the refurbishment of the building increased to four times the original cost calculation with the result that, after the local elections in 2004, the city terminated the PPP contracts in 2005. Thereafter, numerous external experts were consulted and work on designs for a new concept proceeded apace. In 2007, the city council decided in principle to retain the historic facades and, behind them, to erect a new building for the citizens, the council, and the administration.

The competition for the design of a new Hans-Sachs-Haus with the facade of the historic building was won by the architects von Gerkan, Marg and Partners (gmp) in 2008. In accordance with the plans by gmp, the entire internal structure of the town hall was newly developed and integrated into the building envelope.

Angesichts knapper Finanzen konnte man sich die notwendige Renovierung des Gebäudes damals nicht leisten. 2001 erfolgte wegen Sicherheitsbedenken die Schließung des Saals. Vor dem Hintergrund des Renovierungsrückstands sollte nun das gesamte Gebäude saniert werden. Der Rat der Stadt beschloss mehrheitlich eine Sanierung des Hans-Sachs-Hauses im Rahmen eines Public-Private-Partnership-Projektes (PPP).

2002 wurde das Hans-Sachs-Haus leer gezogen. Bei den nun folgenden Arbeiten stellten sich rasch enorme Baumängel heraus. Im Laufe der folgenden drei Jahre stiegen die Kostenprognosen für eine Sanierung des Gebäudes auf das Vierfache der Ursprungskalkulation, sodass nach der Kommunalwahl 2004 die Stadt die PPP-Verträge im Jahr 2005 kündigte. Anschließend wurde eine Vielzahl von externen Experten hinzugezogen, und die Planungsarbeiten für ein neues Konzept wurden vorangetrieben. 2007 fasste der Rat der Stadt den Grundsatzbeschluss, die historischen Fassaden zu erhalten und dahinter ein neues Gebäude für die Bürgerschaft, den Rat und die Verwaltung zu errichten.

Aus einem Wettbewerb zur Gestaltung eines „Neuen Hans-Sachs-Hauses" mit der Fassade des historischen Gebäudes ging 2008 das Büro der Architekten von Gerkan, Marg und Partner (gmp) als Sieger hervor. Nach den Plänen von gmp wurde die innere Gebäudestruktur des Rathauses vollständig neu entwickelt und in die Gebäudehülle integriert. Nach rund vier Jahren Bauzeit war das Haus im Spätsommer 2013 fertig. Im Neubau befinden sich Räume für die Verwaltung, die politischen Gremien, der Ratssaal, ein Bürgercenter und weitere Verwaltungseinheiten sowie ein multifunktional nutzbarer Veranstaltungssaal. Damit war in Erinnerung an den Geist des gesellschaftlichen Aufbruchs in der Weimarer Republik und in Fortführung dieses Geistes der zentrale Ort der Gelsenkirchener Stadtgesellschaft und ihrer kommunalen Demokratie neu entstanden.

Auch die Ausstattung des neuen Hans-Sachs-Hauses macht das Haus zum zentralen Ort der Stadtgesellschaft und ihrer Selbstverwaltung. Das Institut für Stadtgeschichte, vertreten durch Dr. Daniel Schmidt und Prof. Dr. Stefan Goch, hat in Zusammenarbeit mit Katharina Marg vom Gestaltungsbüro formkombinat eine stadtgeschichtliche Ausstellung erarbeitet, die auf den drei Ebenen um den Ratssaal der Stadt Gelsenkirchen, in den Sitzungszimmern und den Büros der Ratsfraktionen und Einzelmandatsträger zu sehen ist. Unter dem Titel „Wandel ist immer..." greift diese Ausstellung die Konstante der Stadtgeschichte und die stete Herausforderung der Gelsenkirchener Stadtgesellschaft auf. Sie soll Bürgerinnen und Bürger, die Politik und die Verwaltung mit der Gelsenkirchener Stadtgeschichte konfrontieren, vor allem der des Industriezeitalters und des fortdauernden Strukturwandels – in der Hoffnung, Fehler und Irrwege der Vergangenheit zukünftig vermeiden zu können. Durch diese Verbindung von Vergangenheit, Gegenwart und Zukunft soll Geschichte Orientierungswissen bieten und einen Beitrag zur Identitätsbildung in der Stadtgesellschaft leisten.

„Wandel ist immer..." ist keine (offizielle) Stadtgeschichte, sondern es sind mit dem „Mut zur Lücke" zusammengestellte Stadtgeschichten, die als Mosaik ein Bild von Gelsenkirchen zeichnen. Wissenschaftlich fundiert ist die Darstellung einerseits natürlich problembewusst und selbstkritisch, andererseits kann auch mit Stolz auf Leistungen und Erfolge geblickt werden.

Die Stadtgeschichten sind thematisch sortiert auf drei Etagen um den Kernbereich der Stadtpolitik gruppiert: Auf der Ebene des Ratssaales im 2. Obergeschoss geht es um Wirtschaft und Arbeit in der Stadt, um die Entwicklung von Gelsenkirchen zur Industriestadt und die damit verbundenen demografischen Veränderungen. Auf der Ebene der Besucherplätze des Ratssaales im 3. Obergeschoss werden die infrastrukturelle Gestaltung der Stadt und die Geschichte der lokalen Politik thematisiert, von Kaisers Zeiten über das Dritte Reich bis in die Gegenwart, und im 4. Obergeschoss, auf der Ebene der Sitzungszimmer, behandelt die Ausstellung das alltägliche Leben der Gelsenkirchenerinnen und Gelsenkirchener.

In den Besucherlogen des Ratssaales werden anhand von acht Beispielen große Wandlungen im Stadtgebiet vorgestellt: die Rathäuser Gelsenkirchens, die Schalke 04-Stadien, Schloss und Freibad Grimberg, vom Gussstahlwerk zum Wissenschaftspark, Standort Zeche Nordstern, Emscher-Renaissance-Schloss Horst, Siedlung Schüngelberg und die Theater-Geschichte.

Die Sitzungszimmer wurden mit Panorama-Bildern der Gelsenkirchener Partnerstädte ausgestattet – Büyükçekmec, Cottbus, Newcastle upon Tyne, Olsztyn, Schachty und Zenica. Und im Erdgeschoss, gleich neben dem Haupteingang, wird das Haus mit seiner Geschichte dargestellt.

Zur symbolhaften Ausstattung gehört auch das Mobile „Gesichter Gelsenkirchens". Es steht für den Anspruch des neuen Hans-Sachs-Hauses, ein Haus für die Bürger zu sein und zeigt deren Verbundenheit mit ihrer Stadt.

Zusätzlich zu seiner baulichen Gestaltung repräsentiert das Gebäude auch mit seinen Gestaltungselementen im Inneren die Stadtgesellschaft und ihre Auseinandersetzung mit der eigenen Geschichte. An diesem zentralen Ort Gelsenkirchens wird diese Stadtgeschichte nun weiter gestaltet.

After a construction period of about four years, the building was completed in the late summer of 2013. The new building has rooms for the administration, the political bodies, the council chamber, a citizen's center, further administrative units, and a multifunctional events hall. In this way, the focal point of the Gelsenkirchen community and its communal democracy was recreated in memory of the spirit of social change during the Weimar Republic, and in continuation of this spirit.

Likewise, the interior design of the new Hans-Sachs-Haus makes the building the center of city society and its self-administration. The Institute for Urban History, represented by Dr. Daniel Schmidt and Prof. Dr. Stefan Goch has, in cooperation with Katharina Marg from the formkombinat design practice, prepared an urban history exhibition which can be viewed on the three levels around the council chamber of the City of Gelsenkirchen, in the meeting rooms, and in the offices of the political council groups and municipal officers. Under the title "Change is always..." the exhibition focuses on the continuous change in the city's history and the ongoing challenge faced by Gelsenkirchen's community. It is intended to confront the citizens, the politicians, and the administration with Gelsenkirchen's urban history, primarily that of the industrial age and the ongoing structural change—in the hope that the mistakes and errors of the past can be avoided in future. By linking the past, present, and future it is intended that history provides a guiding knowledge, and makes a contribution to the formation of identity in the urban community.

"Change is always..." is not an (official) account of the city's history, but consists of individual historic episodes, which, put together as a mosaic, draw a picture of Gelsenkirchen. Based on thorough scientific research, the presentation naturally points out problems and articulates criticism, but also highlights achievements and successes to be proud of.

The stories of the city have been grouped by subject and arranged on three levels around the core political hub; on the level of the council chamber on the 3rd floor, the subject is commerce and work in the city, the development of Gelsenkirchen into an industrial city, and the associated demographic changes; on the level of the visitor seats of the council chamber on the 4th floor, the development of infrastructure in the city and the development of local politics are illustrated, stretching from the Emperor era to the Third Reich and the present, and on the 5th floor at the level of the meeting rooms, the exhibition focuses on the daily life of the Gelsenkirchen citizens.

In the visitor boxes of the council chamber, major changes in the urban area are presented using eight examples—the Gelsenkirchen town halls, the Schalke 04 stadiums, Grimberg castle and open-air pool, from the steel foundry works to the science park, the Nordstern colliery, the Renaissance castle Schloss Horst in the Emscher area, the Schüngelberg estate, and theater history.

In the meeting rooms, pictures with panoramic views of Gelsenkirchen partner cities are displayed—Büyükçekmec, Cottbus, Newcastle upon Tyne, Olsztyn, Schachty, and Zenica. And, on the first floor next to the main entrance, the building is presented with its history.

Another symbolic object is the "Gelsenkirchen faces" mobile; it represents the aim of the new Hans-Sachs-Haus to be a venue for the citizens, and demonstrates their identification with their city.

In addition to its architectural design, the building's interior design elements represent the urban community and its effort to come to terms with its own history. Now, this city history will continue its course at this central location in Gelsenkirchen.

Schichtwechsel unter Tage, 1956
Change of shift underground, 1956

„Ohne Idealismus wäre das Hans-Sachs-Haus nicht zu realisieren gewesen"

gmp-Partner Hubert Nienhoff und Christian Hoffmann, assoziierter Partner am gmp-Standort Aachen, sprechen über die Herausforderungen im Planungs- und Bauprozess.

HUBERT NIENHOFF Als 2007 der Wettbewerb zum „Neuen Hans-Sachs-Haus" ausgelobt wurde, war meine spontane Reaktion: Da müssen wir unbedingt teilnehmen. Die Begeisterung für die Aufgabe liegt unter anderem an meinem persönlichen Hintergrund, denn ich bin gewissermaßen ein Kind des Ruhrgebiets oder vielleicht eher ein Grenzgänger zwischen meiner Heimat Kirchhellen und dem Ruhrgebiet. Und bis heute habe ich eine starke Affinität insbesondere zu Gelsenkirchen, wo ich als Jugendlicher Fußball gespielt habe. Eine harte, schmutzige, unfertige Region, eine gebeutelte Kulturlandschaft – mit diesem Wissen und dieser Erfahrung sind wir an den Entwurf ganz idealistisch herangegangen. Und als wir dann im April 2008 mit dem 1. Preis den Zuschlag für das Projekt bekamen, waren wir geradezu euphorisch.

CHRISTIAN HOFFMANN Zu diesem Zeitpunkt lag bekanntermaßen eine große Hypothek auf dem Gebäude. Sowohl kostenträchtige Sanierungsversuche als auch der zwischenzeitlich bereits beschlossene Abbruch des Hauses lasteten auf dem Projekt, als wir die Arbeit aufnahmen. Wie leidenschaftlich diese Diskussionen in der Vergangenheit geführt worden waren, wurde uns sehr schnell bewusst. Als wir uns erstmalig mit dem Projekt befassten, dauerte dieses Ringen um den Erhalt oder Abriss ja schon viele Jahre an. In einer Public-private-Partnership sollte die Rettung des Hans-Sachs-Hauses erfolgen. Heute wissen wir, dass diese Verlagerung der Bauherrenverantwortung auf einen privaten Investor beinahe das endgültige Ende des Hauses gewesen wäre.

HN Als es um den Abriss des Hans-Sachs-Hauses ging, habe ich sofort gedacht: Das kann doch nicht wahr sein! Man muss diesen ikonischen Bau aus den 1920er-Jahren erhalten – ein starkes Stück Architektur, ein Stück Gelsenkirchener Identität. Ein Stück gebaute Utopie, ein Bürger-Kultur-Gebäude, das unbedingt erhalten bleiben muss.

CH Alfred Fischer war einer der bedeutendsten Architekten des Ruhrgebiets, ein Vertreter des demokratischen Aufbruchs. Das Hans-Sachs-Haus war von der Idee her ein Gebäude mit vielfältiger Nutzung, vor allem ein Ort der Arbeiterbildung mit öffentlichen kulturellen Einrichtungen, Büros, einem Hotel, einer Bibliothek und natürlich dem zentralen Konzertsaal mit der mächtigen Walcker-Orgel. Für uns war diese Multifunktionalität ein wesentliches Charakteristikum des Hauses, das es natürlich zu bewahren galt, denn es ist ja gerade diese Multifunktionalität, die wesentlich zu einer Belebung unserer Innenstädte beiträgt.

HN Nach dieser schwierigen Vorgeschichte des Projektes muss man sagen, dass die Konditionen, zu denen wir den Bau dann realisieren mussten, für uns eigentlich kaum akzeptabel waren. Mir liegt wenig daran, dies im Einzelnen zu rekapitulieren. Auch wenn der Abrissbeschluss schließlich aufgehoben wurde, war mehr als deutlich, dass der Bau in dem ganzen Verfahren kaputtgeredet worden war. Aus vielleicht sogar nachvollziehbaren politischen Gründen waren Termine und Budget im Verhältnis zum Umfang der Aufgabe dann viel zu knapp angesetzt. Es gab ja, sowohl finanziell als auch zeitlich, nach der gescheiterten Sanierung einiges gutzumachen und aufzuholen. Wir wurden Generalplaner, und auch die Bauleitung lag letztendlich in unserer Hand. Vielleicht darf man es ganz unbescheiden nicht zuletzt unserer Architektur zurechnen, dass am Ende vieles von den vergangenen Skandalen und Skandälchen in Vergessenheit geraten ist.

CH Während des Planungs- und Bauprozesses haben wir dann die hohe identitätsstiftende Bedeutung des Hauses immer wieder auf ganz unterschiedliche Weise kennengelernt. Vor allem die Betroffenheit insbesondere der älteren Bürger fand ich sehr eindrucksvoll. Vor Ort wurde eine sogenannte „Bluebox" eingerichtet, in der der Bauherr und wir der Bevölkerung regelmäßig für Fragen zur Verfügung standen. Dort haben uns viele ältere Leute von ihren Erinnerungen an das Hans-Sachs-

"Without idealism we would not have been able to succeed with the Hans-Sachs-Haus project"

gmp partner Hubert Nienhoff and Christian Hoffmann, associate partner at gmp's Aachen office, speak about the challenges in the design and construction process.

HUBERT NIENHOFF When the competition for the "New Hans-Sachs-Haus" was advertised in 2007, my spontaneous reaction was: we simply have to take part. My enthusiasm for the task was based on—among other things—my personal background, because I have a close relationship with the Ruhr area, my home town being Kirchhellen, which is close to the northern border of the area. And to this day I have a strong affinity with Gelsenkirchen in particular, where I played football as a young lad. It is a hard, dirty, and raw region, a troubled cultural landscape—and with this as the background, we approached the design with a strong idealistic attitude. And when, in April 2008, we won the 1st prize and were commissioned with the project, we were virtually euphoric.

CHRISTIAN HOFFMANN It is well known that, at that time, the building was beset by much controversy. When we appeared on the scene, the project was weighed down by an expensive attempt at refurbishment and, subsequently, the decision to demolish the building. We soon became aware of the enormous passion with which these discussions had taken place in the past. When we first started to focus on the project, quite a few years had gone by with the city trying to decide whether to preserve or demolish the building. A public-private partnership scheme had been considered in the hope that this would make it possible to save Hans-Sachs-Haus. Today, we know that this shift of responsibility to a private investor would nearly have sounded the death knell of the building.

HN When the decision was made to demolish Hans-Sachs-Haus, my immediate reaction was: "That can't be true!" This iconic building from the 1920s simply must be preserved—a strong piece of architecture, a part of the identity of Gelsenkirchen. An example of built utopia, a citizens/culture building that must be preserved at all costs.

CH Alfred Fischer was one of the most important architects of the Ruhr area, a representative of the movement for social change during the Weimar Republic. The original idea of Hans-Sachs-Haus was that of a building with multiple uses, above all a place of worker education, with public cultural facilities, offices, a hotel, a library, and of course the central concert hall with the mighty Walcker organ. For us this multi-functionality was a key characteristic of the building that had to be retained, because it is precisely this multi-functionality that contributes significantly to the revival of our inner cities.

HN In the wake of this complicated history of the project, we have to say that the actual conditions under which we had to complete the project were barely acceptable. I don't really want to go into the details of this. Even though the decision to demolish the building was eventually reversed, it was blatantly clear that the building had been talked into the ground in this whole process. For political reasons, which may even have been well founded, the deadlines and budget were well short in relation to the size of the task. After the failed refurbishment, a lot of ground had to be made up, both in terms of funding and timing. We were appointed for the overall design, and we also ended up in charge of site supervision. Perhaps it is not too immodest to say that it was our design, our architecture, that made it possible to ultimately forget many of the large and small scandals.

CH During the design and construction process, we again and again became aware—in various different ways—of the iconic importance of the building and the way the citizens identify with it. I was very impressed with the degree of identification amongst older citizens in particular. A so-called "blue box" was established on site in which both we and the client were regularly available to the public for questions. Many older people came and told us about their memories of Hans-Sachs-Haus, for example of how they attended dancing classes there, or how they got married there at the registry office, or how—as children—they had been fascinated by the paternoster. For us this was a wonderful confirmation of our idea of re-establishing Hans-Sachs-Haus as a community facility for the citizens of Gelsenkirchen by making the building as inviting as possible in order to—once again—give the citizens a focal point for their identification with the city.

HN Overall, we can say that we started the project with a great deal of idealism; we were welcomed by the locals with the respect afforded to star architects. However, in the day-to-day running of the project, our primary role was that of crisis managers and the task was to engage in numerous intense conversations with the local stakeholders during the entire construction

Haus berichtet, etwa wie sie dort die Tanzschule besucht oder standesamtlich geheiratet hatten oder als Kinder vom Paternoster fasziniert waren. Das war eine wunderbare Bestätigung unserer Idee, das Haus so einladend wie möglich zu gestalten, um es wieder zu einem Haus der Bürger Gelsenkirchens zu machen, und den Bürgern wieder einen Ort der Identifikation mit ihrer Stadt zu geben.

HN Wenn man es zusammenfassend betrachtet, dann waren wir mit viel Idealismus in das Projekt gestartet und wurden vor Ort mit dem Nimbus der Star-Architekten begrüßt. Im Grunde haben wir uns aber im Projektalltag in erster Linie als Krisenmanager bewähren müssen, haben während des gesamten Bauprozesses zahllose intensive Gespräche mit den Akteuren vor Ort geführt. Daher ist das Bild, das man sich zuweilen in der Öffentlichkeit von unserem Büro macht, nicht ganz richtig: Wir mussten Mut aufbringen, wenn andere ihn nicht aufbrachten. Man braucht als Architekt insgesamt eine Menge Routine, Professionalität und vielleicht auch etwas Humor, um so einen Prozess erfolgreich zu Ende zu bringen.
Aber das ist Geschichte. Was macht man mit einem zwar nicht kaputtgemachten, aber kaputtgeredeten Haus? Unser Ziel war ganz klar: Es galt Wunden zu heilen, in vielerlei Hinsicht. Architektonisch gibt es natürlich eine große Bandbreite an Möglichkeiten, mit dem Thema Alt und Neu umzugehen, vom Wiederaufbau der Alten Pinakothek in München bis zur Frauenkirche in Dresden. Uns war es wichtig, nach außen die Tradition zu bewahren.

CH Es galt, die originale Gebäudehülle zu erhalten, diese bestand jedoch nur noch an drei der vier Fassaden, im Süden stand ja noch ein Anbau aus den 1950er-Jahren, der dann abgerissen wurde, sodass die ehemals wenig ansehnliche Rückseite heute zur Schauseite geworden ist. Aus der jahrzehntelangen Erfahrung unseres Büros beim Bauen im Bestand wissen wir, dass Denkmalschutz im weiteren Sinne nicht nur ein Wiederherstellen des Alten ist, es kann auch beispielsweise ein Neubau im Kontrast oder eine Rekonstruktion ohne eindeutige Quelle sein – oder wie hier eine Interpretation im Sinne Alfred Fischers. Die Restaurierung und Ergänzung einer denkmalgeschützten Fassade bleibt jedoch trotz aller Erfahrung immer ein großes Abenteuer mit zum Teil ungewissem Ausgang. Uns fiel ein Stein vom Herzen, als sich bestätigte, dass sich die neu angefertigten Keramikelemente nahtlos in das Bild der historischen Fassade einfügen. Wir waren überglücklich, eine Baufirma gefunden zu haben, deren Maurer das Gefühl für die richtige farbliche Mischung der eigens für das Hans-Sachs-Haus gebrannten Fassadenklinker hatten, sodass sich Neu und Alt harmonisch ineinanderfügten. Eine große Verantwortung, nicht nur unseren Bauherren und den Bürgern der Stadt Gelsenkirchen gegenüber, sondern auch dem Werk des Kollegen Fischer.

HN Man könnte sagen, dass wir in der Grammatik Alfred Fischers weitergebaut haben, was Material und Struktur angeht, um etwas von der Strahlkraft und Hoffnung seines Entwurfes zu rekonstruieren. Und mit dem Bürgersaal haben wir dem Gebäude nach einem Haus-im-Haus-Prinzip seinen Kern zurückgegeben.

CH Eine Besonderheit des neuen Hauses ist – wie auch schon beim ursprünglichen Konzept – seine vielfältige Nutzung. Verwaltung, Politik, Veranstaltungen, Gastronomie, Bürgerberatung und Bürgerforum, Kunst und Kultur finden selbstverständlich unter einem Dach Platz. Interessant ist dabei, dass die ersten Entwürfe Alfred Fischers noch einen Innenhof vorsahen, die späteren Fassungen der Planung dann den Konzertsaal im Zentrum des Hauses als öffentlichen Veranstaltungssaal. Wir haben in unserem Entwurf beides verknüpft, die zentrale Eingangshalle, lichtdurchflutet, als Ort der Erschließung und Begegnung und das Bürgerforum als multifunktionaler Veranstaltungsraum für Ausstellungen, Konzerte und Feiern.

HN Entwerfen ist kein linearer Prozess, den man wie eine Rechenaufgabe nachvollziehen kann. Als Architekt haben mich die Bauten von Gottfried Böhm stark geprägt, beispielsweise das Stadthaus in Rheinberg mit seiner offenen Raumsequenz. Ähnlich war unser Ausgangspunkt in Gelsenkirchen: Wir wollten ein offenes Haus für die Bürger schaffen, ein Haus, das sich öffnet und zum Licht orientiert. Ich finde, das kann man heute ganz gut nachvollziehen, mit der Öffnung des Atriums über das Glasdach und der transparenten Südfassade, der ehemaligen Rückseite des Gebäudes, wo heute der Alfred-Fischer-Platz ist. Damit haben wir übrigens wesentlichen Forderungen der Bürgerinitiativen zum Erhalt des Hauses entsprochen. Die Galerien im Atrium sind beleuchtet, hinterleuchtet. Sie führen ins Licht nach oben, sodass es keinen Hell-Dunkel-Kontrast gibt, man sich nicht wie in einem Schacht fühlt. Dieses Motiv haben wir schon beim Bau für die Allianz an der Taunusanlage in Frankfurt am Main erfolgreich angewandt oder auch beim Kongressgebäude der Neuen Messe Leipzig.

◫ ← Skizze von Jutta Hartmann-Pohl
Sketch by Jutta Hartmann-Pohl

process. For this reason, the idea the public sometimes has of our practice is not quite correct—we had to muster courage when perhaps others might not have done so. As an architect you need a lot of experience, professionalism, and perhaps a bit of humor in order to successfully complete such a process.
But that is history. What do you do with a building that—although not completely destroyed—has been talked into the ground? Our objective was crystal clear: wounds had to be healed in many ways. Of course, architecturally there are many options for dealing with the subject of old and new, from the reconstruction of the Alte Pinakothek in Munich to the Church of Our Lady in Dresden. For us it was important to outwardly preserve tradition.

CH The original building envelope had to be preserved; however, only three of the four facades were still in existence. On the south side there was still the extension dating from the 1950s that was then demolished, which meant that what formerly was the rather unattractive back of the building has today become its most prestigious side. Based on the many years of experience our practice has with dealing with existing buildings, we know that the preservation of historic buildings in the wider sense is not just a recreation of the old substance, but can also involve a new, contrasting building, or a reconstruction without clear reference to the architectural source—or, as here, an interpretation of Alfred Fischer's original intentions. However, even when tackled with a lot of experience, the restoration and extension of a listed historic facade is always a big adventure, the outcome of which can be uncertain. We were hugely relieved when it was confirmed that the newly produced ceramic elements seamlessly matched the appearance of the historic facade. We were over the moon when we found a building contractor with bricklayers who had a sense of the right color mix of the face bricks that had been specially fired for the Hans-Sachs-Haus project, resulting in a harmonious combination of the old with the new. It was a big responsibility, not only toward our clients and the citizens of the City of Gelsenkirchen but also toward the building created by our colleague, Alfred Fischer.

HN You could say that we continued building along the lines of Alfred Fischer's concept in terms of material and structure in order to recapture some of the radiance and hope of his design. And with the citizens' hall, we have given the building back its core in the manner of a "building within a building" principle.

CH A special feature of the new building is—just as in the original concept—its multi-functionality. Administration, politics, events, gastronomy, citizens' advice and citizens' forum, art and culture are all harmoniously housed under one roof. In this context it is interesting to note that Alfred Fischer's first designs still included an inner courtyard; in later versions this was omitted in favor of the concert hall in the center of the building, a venue that was open to the public. In our design we have combined the two, the central entrance hall as a place for social interaction—flooded with light and providing access to the internal circulation—and the citizens' forum as a multi-functional venue for exhibitions, concerts, and festive events.

HN Design is not a linear process you can pursue like a calculation task in arithmetic. For me as an architect the buildings of Gottfried Böhm left a deep impression, for example the Town Hall in Rheinberg with its open sequence of rooms. Our point of departure in Gelsenkirchen was similar—we wanted to create an open facility for the citizens, a building that is open and oriented towards light. I feel that that can be appreciated quite well today, with the glass roof of the atrium and the transparent south facade, the former rear of the building where Alfred-Fischer-Platz is today.

Visualisierung aus dem Wettbewerb
Visualization of competition design

CH In der Rückschau wird mir vor allem klar, wie viel Idealismus bei allen Beteiligten erforderlich war, um ein Denkmal wie das Hans-Sachs-Haus wiederherzustellen. Die Sanierung eines Denkmals hat immer einen gewissen experimentellen Charakter, es ist ein Prozess voller Überraschungen und Risiken. Entscheidend für das Gelingen dieser Aufgabe ist es, den festen Willen zu haben, es zu einem glücklichen Erde zu bringen, auch wenn es den Beteiligten manchmal viel abverlangt.

HN Aber das Schöne an unserem Beruf ist ja, dass das Ergebnis unserer Arbeit am Ende vor uns steht und sogar besichtigt werden kann. Das entschädigt für die vielen kleinen und großen Widrigkeiten, mit denen man im Rahmen von Planung und Bauprozess zu kämpfen hat.

By doing that we have responded to some of the key demands of the citizens' initiatives for the preservation of the building. The galleries in the atrium have the benefit of lighting from the front and back. They lead upwards towards the light, thereby avoiding a strong contrast between light and dark, and a shaft-like feeling. We have used this motif before in the Allianz building at the Taunusanlage development in Frankfurt am Main and at the conference building of Leipzig New Trade Fair.

CH Looking back, I have become aware of how much idealism was required on the part of all those involved in order to recreate a monument such as Hans-Sachs-Haus. The refurbishment of a historic building is always a somewhat experimental undertaking–it is a process full of surprises and risks. In order to bring such a project to a successful and happy conclusion it is important to be firm in one's determination even though this sometimes requires enormous commitment from everybody associated with the project.

HN But actually, the beauty of our job is that–in the end–the result of our work is standing right there in front of us, and can even be visited. That is ample compensation for the many small and big obstacles we had to overcome as part of the design and construction process.

Visualisierung Atrium und Bürgerforum
Visualization of atrium and citizens' forum

Das Farbleitsystem von Max Burchartz

Katharina Marg

Mit seiner Gestaltung der Treppenhäuser und Flure des Hans-Sachs-Hauses schuf Max Burchartz 1927 das wohl erste Farbleitsystem weltweit. Seine Arbeit entstand in enger Zusammenarbeit mit dem Architekten Alfred Fischer und war geprägt durch seinen Lehrer und Freund, den De Stijl-Protagonisten Theo van Doesburg, dessen Kurs am Weimarer Bauhaus er Jahre zuvor besucht hatte.

Dieser Einfluss der Bauhauslehre beziehungsweise der konstruktivistischen Farbgestaltung führte Burchartz zu einem elementar einfachen System: Aus den vier reinen Farben Rot, Grün, Gelb und Blau entwickelte er ein Orientierungssystem für die Verkehrsflächen des Hauses, das sich darüber hinaus als integrativer Teil der Architektur verstand. Indem Burchartz „leere" weiße Wände mit Farbflächen versah, betonte er zugleich die Räume in ihrer Tiefe und ließ auf diese Weise ihre Dreidimensionalität erfahrbar werden. Jedem Stockwerk wurde eine Farbe zugeordnet, sodass es eine rote, eine blaue, eine gelbe und eine grüne Etage gab. Den Abschluss im 5. Obergeschoss bildete abermals Rot.

1

Durch das Gebäude führten auf diese Weise systematisch platzierte Farbflächen, eine Kombination aus reiner Farbe und den klaren geometrischen Formen Rechteck und Quadrat. Während die Farben im Haupttreppenhaus kräftig waren, wurden in den Fluren gedämpftere Farbnuancen eingesetzt. Eine Übersicht über die Geschossfarben als horizontal gestreifte Farbfläche [1] wiederholte sich gewissermaßen als Legende in jedem Stockwerk, Farbflächen an den Unterläufen der Treppen und auf den Zwischenpodesten [2] kündigten das nächste Stockwerk an. Farbe diente somit als alleinige, universelle Orientierungshilfe. Diese Signaletik konnte auf jede weitere Kennzeichnung mittels Zahlen, Buchstaben oder Piktogrammen verzichten.

Der Farbweg als gestalterisches Zitat im neuen Hans-Sachs-Haus

› Anfangs als erstes Orientierungssystem seiner Art gefeiert und als gestalterische Einheit mit der Architektur wahrgenommen, geriet das Farbleitsystem, einfach überstrichen und ungenügend dokumentiert, bald in Vergessenheit. Erst in den 1990er-Jahren wurde das ursprüngliche Konzept aufgearbeitet und mit großem Engagement von Sponsoren, ortsansässigen Restauratoren und Malerfirmen teilweise wieder hergestellt [3›]. Das Ergebnis fand große Aufmerksamkeit: An der Besichtigung am 10. Oktober 1996 nahmen bedeutende Vertreter verschiedener Bezirksregierungen, des Kultusministeriums sowie des Westfälischen Amtes für Denkmalpflege teil. Die drei ausführenden Malerfirmen wurden mit dem Gelsenkirchener City-Preis ausgezeichnet, und das Hans-Sachs-Haus wurde als ein „Highlight" für Denkmalschützer und Kunsthistoriker gehandelt. Dieses „Zwischenhoch" war jedoch nur von kurzer Dauer. Bereits 2001 beim Risiko-Screening zur Ermittlung von Baumängeln im Vorfeld der geplanten Sanierung wurde ein Großteil der gemalten Putzflächen abgeschlagen.

Beim Neubau des Hans-Sachs-Hauses wurde die ursprüngliche Fassade erhalten oder rekonstruiert, im Inneren entstand jedoch ein völlig neues Gebäude. Der Ansatz von Burchartz, durch Farben und geometrische Flächen ein neues Raumerlebnis zu schaffen, hätte sich im neuen Hans-Sachs-Haus teilweise kontraproduktiv auf das klare architektonische Konzept ausgewirkt. Wo zuvor enge Vorflure von Treppenhäusern räumlich aufgelöst wurden, hätte Burchartz' Original-Konzept die großzügige Raumgestaltung des neuen Hauses in ihrer Ruhe gestört.

Eine exakte Rekonstruktion des Farbleitsystems bot sich demnach nicht an; angesichts seiner kulturhistorischen

The Color Guiding System by Max Burchartz

Katharina Marg

It is thought that, with his design for the stairwells and corridors of Hans-Sachs-Haus in 1927, Max Burchartz created the world's first color guiding system. His work was produced in close cooperation with the architect Alfred Fischer, and it was inspired by his teacher and friend, the De Stijl protagonist Theo van Doesburg, whose course at the Weimar Bauhaus he had attended years before.

The influence of the Bauhaus philosophy with its constructivist color design led Burchartz to a simple elementary system: using the four primary colors red, green, yellow, and blue, he developed an orientation system for the circulation rooms in the building which, in addition, was considered an integral part of the architecture. By applying color to "empty" white walls, Burchartz emphasized the depth of the rooms, highlighting in this way their three-dimensionality. Each floor level was assigned a color, which meant that there was a red, blue, yellow, and green floor level. The top level on the 6th floor was again red.

In this way, systematically placed colored shapes led through the building–a combination of pure color and the clear geometric shapes of rectangles and squares. While the colors in the main stairwell were undiluted, softer color shades were used in the corridors. An overview of the colors used for the floor levels was applied on each floor in the form of a field with horizontal stripes [1]; coloring underneath the stair runs and at the intermediate landings [2] indicated the next floor level. In this way, color was the only universal aid helping visitors find their way. With the help of this color identification it was possible to omit any other form of identification with numbers, letters, or pictograms.

2

The Colored Route as a Design Citation in the New Hans-Sachs-Haus

› Even though the orientation system was initially celebrated as the first of its kind, and was perceived as forming an integrated whole together with the architecture, the color guiding system was soon forgotten, having been painted over and insufficiently documented. It was not until the 1990s that the original concept was re-established and partly reproduced [3›] with great commitment from sponsors, local restorers, and decorating companies. The result attracted much attention; important representatives of various district governments, the Federal Ministry for Culture, and the Westphalian Department for the Preservation of Historical Monuments took part in the inspection on 10 October 1996. The three decorating companies involved were awarded the Gelsenkirchen City prize, and Hans-Sachs-Haus acquired the status of a highlight for building conservation officers and art historians. However, this "temporary high" was short-lived. During the screening for risks and for establishing building defects in 2001, prior to the planned refurbishment of the building, a large proportion of the painted plaster surfaces was removed.

When Hans-Sachs-Haus was rebuilt, the original facade was retained or reconstructed, but a completely new building was created on the inside. Burchartz' approach of creating a new space experience based on color and geometric shape would, to an extent, have had a counterproductive effect on the clear architectural concept in the new Hans-Sachs-Haus. While previously narrow corridors were separated from the stairwells, and hence benefited from the color identification, Burchartz' original concept would have interfered with the serenity of the generous interior design of the new building.

Therefore it did not seem appropriate to recreate the color guiding system in its exact form; however, in view of its importance in terms of cultural history, a design citation seemed appropriate. I devised an intuitively functioning color guiding system in the Bauhaus style, albeit without the (now no longer wanted) "space-dissolving" aspect. In this way it was possible to integrate the historic color guiding concept in a reduced form into the new guiding system, in harmony with the new architecture. The colored surfaces in the open main stairwell A, and the stairwells

Bedeutung schien aber ein gestalterisches Zitat geboten. Unter Verzicht auf den (nun unerwünschten) „raumauflösenden" Aspekt entwickelte ich ein intuitiv funktionierendes Farbleitsystem im Stil des Bauhauses. Dabei konnte das historische Farbleitkonzept in reduzierter Form, die neue Architektur interpretierend, in das neue Leitsystem integriert werden. Über die offenen Sichtachsen rund um das große Atrium können die Farbflächen im offenen Haupttreppenhaus A und in den einsehbaren Treppenhäusern B und C in ihrer Gesamtheit wahrgenommen werden, was ihre Bedeutung als primäre Verteiler unterstreicht und die intuitive Orientierung innerhalb des Gebäudes unterstützt.

Dem historischen Konzept folgend wurden den Etagen wieder die Farben Rot (1. Obergeschoss), Blau (2. Obergeschoss), Gelb (3. Obergeschoss), Grün (4. Obergeschoss) und Rot (5. Obergeschoss) zugeordnet, wobei für das Erdgeschoss mit Silber eine weitere Farbe definiert wurde, da es ursprünglich nicht Bestandteil des Farbleitsystems und damit ohne zugewiesene Farbe war. Dass die Wahl auf Silber fiel, liegt einerseits in der gewünschten Abhebung von den Buntfarben, andererseits auch in der Tatsache begründet, dass es neben Schwarz, Weiß und Grau ebenfalls in Burchartz' Konzept enthalten war.

Die Gestaltung der zielführenden Beschilderung ist sachlich und modern. Dank eines ortsbeständigen Raumnummernkonzepts konnte auf ein modulares System weitgehend verzichtet, und die zielführenden Informationen konnten auf das Notwendigste reduziert werden. Lediglich die Inhalte der Übersichtstafeln werden aufgrund der gelegentlichen innerhäuslichen Umzüge einzelner Abteilungen oder Referate in regelmäßigen Abständen angepasst. Design und Materialien orientieren sich an der neuen Architektur und den heutigen technischen Anforderungen. Alle Informationsträger, Piktogramme und Grafiken wurden eigens für das neue Hans-Sachs-Haus entwickelt und umgesetzt.

B and C with their open views, can be perceived in their totality via the open vistas around the large atrium, which emphasizes their importance as primary distributors and supports intuitive orientation within the building.

In line with the historic concept, the floor levels were again given the colors red (2nd floor), blue (3rd floor), yellow (4th floor), green (5th floor) and red (6th floor), while silver was selected as a new color for the first floor, because this had not originally been included in the color guiding system and did not have a color assigned to it. The color silver was selected because the idea was to choose a different color to the primary colors and also because, in addition to black, white, and gray, silver was a color included in Burchartz's concept.

3

The design of the signposting is functional and modern. Thanks to a room numbering system that is not subject to change, a modular system could largely be omitted, and it was possible to reduce the signage information to the essentials. Only the content of the overview boards is regularly adjusted to reflect the occasional changes in the building due to the movement of some departments within the premises. Both the design and the materials harmonize with the new architecture and contemporary technical requirements. All information carriers, pictograms, and diagrams were specially developed and created for the new Hans-Sachs-Haus.

Besuch in der Jugend – Blick in die Zukunft

Hans-Sachs-Haus 2.0 in Gelsenkirchen

Ein Essay von Dirk Meyhöfer

Intro

› „Hans-Sachs-Haus, Gelsenkirchen, Ebertstraße, 1927/58, Alfred Fischer und Städt. Hochbauamt Gelsenkirchen" [1] – unter dieser Überschrift fand ich in einem angestaubten Architekturführer des BDA aus dem Jahr 1985 mit dem Titel *Architektur im Ruhrgebiet – Gelsenkirchen* zwischen einer Reihe von Backsteinbauten aus den 1920er- und 1930er-Jahre den folgenden Eintrag: „Reines Verwaltungsgebäude mit Saal und Restaurant eines der bekanntesten Architekten jener Zeit. Räume für den Rat wurden in den 1950er-Jahren wenig überzeugend an- und ausgebaut. Im Saal eine der wenigen erhaltenen viermanuellen Konzertorgeln (1924–1927)." Kein Wunder, dass ich das Haus in meiner Studienzeit in den 1970er-Jahren nie bewusst wahrgenommen habe, obwohl ich in Gelsenkirchens Nachbarstadt Herne geboren bin. Kein Wunder, weil fast in Sichtweite das Musiktheater Gelsenkirchen [2], Hauptwerk des Architekten Werner Ruhnau, liegt. Kein Architekturstudent der 1970er-Jahre, der nicht überwältigt davon war. „Ich kenne aus heutiger Architektur mit den Mitteln Stahl, Glas und Beton, nicht kaschiert von dem falschen Luxus nachempfundener alter Stile, keinen vergleichbaren festlichen Raum. Da ist dem Geist unserer Gegenwart Leichtigkeit entlockt", schrieb Albert Schulze-Vellinghausen über den Bau in besagtem Architekturführer.

Jetzt, beim Wiedersehen beider Gebäude, kam mir, frei nach Kurt Tucholsky, der Gedanke: „Ja, das möchste, vorn den dunkelroten Stein und hinten das helle Licht." Ja, das möchte man: das Hans-Sachs-Haus und das Theater von Werner Ruhnau in einem Bau vereint. Mit dem neuen alten Bau, soviel vorweg, sind die Architekten von Gerkan, Marg und Partner diesem Ideal sehr nahe gekommen.

Von der Kunst, ein zeitgenössisches Rathaus zu bauen

› Bochum, Herne oder Buer – das 1928, also unmittelbar nach Erbauung des Hans-Sachs-Hauses, mit Gelsenkirchen zu einer Großstadt vereint wurde – bauten in den ersten Jahrzehnten des 20. Jahrhunderts die Symbole ihres Bürgerstolzes, die Rathäuser. Man muss sich vor Augen führen, welche Bedeutung diese Kohle- und Stahlstädte für die Industrie des Deutschen Reiches hatten – vergleichbar heute mit den Auto- oder Chemiestädten Ingolstadt, Wolfsburg oder Leverkusen. Sie mehr(t)en

1

munter das Bruttosozialprodukt. Und in der Architektur ihrer Rathausbauten wurde spürbar, wie die Ruhrgebietsstädte die Berg- und Stahlarbeiterschaft einbinden wollten. Die neue demokratisch verfasste Gesellschaft brauchte alle Schichten zum Erfolg – das Proletariat und die neue Kleinbürgerschaft eingeschlossen. Waren beispielsweise die vor dem Ersten Weltkrieg gebauten Rathäuser in Kassel [3›] und Barmen, entworfen von Karl Roth, noch eindeutig klassizistisch geprägt, unterschied sich dessen Bochumer Rathaus [4›], erbaut 1927 bis 1931, schon deutlich davon. Das Hans-Sachs-Haus schließlich war stilistisch ganz durch die Neue Sachlichkeit geprägt und steht damit auch gesellschaftspolitisch für die sachliche, demokratische Haltung der Weimarer Republik. Es sollte ein öffentliches Bürgerhaus mit zentralem, als Forum konzipiertem Veranstaltungssaal sein.

Alfred Fischer hatte dazu die damals gängigen typologischen Codes radikal hinter sich gelassen: kein Rathausturm, keine Symmetrie, die direkt an das feudale Bauerbe erinnert hätten. Stattdessen entstand 1927, zur wirtschaftlichen Hochzeit der Weimarer Republik, ein monolithischer Baukörper – mit einer Backsteinfassade mit horizontaler Gliederung und abgerundeten Blockkanten [5››]. Ein massiver Bau, der das „Wir" symbolisieren sollte, also die gesamte Gesellschaft. An der nordwestlichen Seite wurde dem Entwurf zwar noch während der Bauzeit ein Turm hinzugefügt, in dem ein Hotel untergebracht war, dieser hatte jedoch keine repräsentative Funktion, sondern sollte dem Gebäude baulich seine Massivität nehmen.

Visit in My Youth—View to the Future

Hans-Sachs-Haus 2.0 in Gelsenkirchen

An Essay by Dirk Meyhöfer

Intro

› "Hans-Sachs-Haus, Gelsenkirchen, Ebertstraße, 1927/58, Alfred Fischer und Städt. Hochbauamt Gelsenkirchen" [1]—under this heading I found the following entry in a dusty architectural guide published by the German Association of Architects (BDA) in 1985 under the title *Architektur im Ruhrgebiet (Architecture in the Ruhr Area)—Gelsenkirchen* listing a number of brick buildings from the 1920s and 1930s: "Plain office building with hall and restaurant, designed by one of the best-known architects of that time. In the 1950s, rooms for the council were converted and added to the building in an architecturally less than convincing fashion. The hall is home to one of the few remaining concert organs with four manuals (1924–1927)." No surprise then that in my time as a student in the 1970s, I never consciously took note of the building, even though I was born in Herne, a city close to Gelsenkirchen. No surprise, because almost within view lies Gelsenkirchen's music theater, the main work of the architect Werner Ruhnau [2]. There was not an architectural student in the 1970s who was not overwhelmed by this. "In contemporary architecture, using the materials steel, glass, and concrete, without the false luxury of the pastiche of added older style elements, I know of no other venue that is as festive. This is lightness teased from the spirit of our time," wrote Albert Schulze-Vellinghausen about the building in the architectural guide mentioned above.

Now, as I revisit both buildings, I am tempted to say, to misquote Kurt Tucholsky: "Yes, that's what you want, the dark red brick in front and the bright light behind." Yes, that's what you want: the Hans-Sachs-Haus and Werner Ruhnau's theater combined in one building. However, let's say this right up front—with this new old building, the architects von Gerkan, Marg and Partners have come pretty close to the ideal.

Of the Art of Building a Contemporary Town Hall

› In the first decades of the 20th century, Bochum, Herne, and Buer—which merged with Gelsenkirchen to become a city with more than 100,000 inhabitants in 1928, i.e. immediately after the construction of Hans-Sachs-Haus—built their town halls as symbols of their civic pride. You have to remember how important these mining and steel-producing cities were to the industry of the German Reich—today comparable to the automotive or chemical cities of Ingolstadt, Wolfsburg or Leverkusen. They were key contributors to the gross national product. And in the architecture of their town hall buildings, you could sense how these Ruhr area cities wanted to involve the miners and the steelworkers. The new democratically organized society needed all strata for success—including the proletariat and the new petit bourgeoisie. While, for example, the town halls in Kassel [3›] and Barmen, designed by Karl Roth and built before the First World War, were still clearly neo-classical in style, the town hall he built in Bochum [4›] from 1927 to 1931 represents a clear departure. And lastly, the style of Hans-Sachs-Haus was completely influenced by the New Objectivity movement and, in sociopolitical terms, is thereby representative of the objective, democratic attitude of the Weimar Republic. The idea was to create a public citizens' venue including an events hall representing the concept of a forum.

To this end, Alfred Fischer had departed from the then common typological codes in radical fashion; there was no town hall turret, no symmetry that would have been a direct reminder of the feudal architectural heritage. Instead, in 1927 at the commercial height of the Weimar Republic, he created a monolithic building with a horizontally structured brick facade and rounded block edges [5››]. A massive building, which was meant to symbolize the "we," i.e. society as a whole. During the construction period, a tower was added to the design on the north-western side of the building to accommodate a hotel; however, this had no representative function, but was intended to counteract the building's massive appearance.

2

Mit dieser architektonischen und politischen Botschaft Fischers wurde dann in den folgenden Jahrzehnten vollkommen unterschiedlich umgegangen. Obwohl nur wenig kriegszerstört [6,7›], ist das Hans-Sachs-Haus in den 1950er-Jahren umgebaut und erweitert worden, allerdings ohne großen gestalterischen Anspruch. Ab 2001 stand schließlich der Abriss im Raum, nachdem bei Sanierungsarbeiten eklatante bauliche Mängel zutage getreten waren. 2005 folgte der entsprechende politische Beschluss: „Baufällig" lautete die zentrale Botschaft, und die war berechtigt. Nach einigem Hin und Her rund um die Finanzierung einer Sanierung des Hauses über eine PPP-Konstruktion (Public-private-Partnership), die letztlich scheiterte, wurde 2008 schließlich ein Architekturwettbewerb ausgelobt, der einen Neubau bei Erhalt der denkmalgeschützten Fassade vorsah. Die lautstarken Proteste etlicher Denkmalpfleger folgten umgehend – mit den bekannten Schlagwörtern „Frevel" und „Kulissenarchitektur".

Ideologische Verkrampfung jedoch, das zeigte sich hier einmal mehr, ist kein guter Berater beim Bauen. Denn die Architekten von Gerkan, Marg und Partner lehren uns mit ihrem Siegerentwurf und der anschließenden Realisierung, wie der Geist der Zeit durch Sorgfalt und Fantasie auf gewissermaßen immaterieller Ebene wieder hereingeholt werden kann: Vergangenheit bewahren heißt nicht, jeden Stein wie gehabt wieder auf den anderen zu legen.

Backsteinarchitektur und Neue Sachlichkeit

› Auf der Rückseite des Hans-Sachs-Hauses ist durch Rückbau des Erweiterungsbaus aus den 1950er-Jahren ein öffentlicher Platz für die Gelsenkirchener entstanden, der Alfred-Fischer-Platz. Der ursprünglich als Hotel genutzte Turm ist wieder frei sichtbar, die Gebäudeecke an der Munckelstraße wurde analog zur Hauptfassade an der Ebertstraße abgerundet. Eine Glasfront, die die horizontale Gliederung der Backsteinfassade aufnimmt, bildet das Gesicht des Gebäudes zum Platz hin, wo vorher der mediokre Anbau aus den 1950er-Jahren die Sicht versperrt hatte.

Hinter der leichten, transparenten Fassade ist in den oberen Geschossen der Ratssaal in den Gelsenkirchener Stadtraum eingeschwebt, bildlich gesprochen. Und wenn man genau hinschaut, ist eine eingezogene Dachloggia zu erkennen, hinter der sich der Bürgermeistertrakt befindet. Hier könnte theoretisch die Mannschaft des FC Schalke 04 gefeiert werden, wenn denn endlich wieder eine Meisterschaft zu verkünden ist. Allerdings würde sich eine Balkonszene mit Gänsehaut wie am Marienplatz in München nicht einstellen: zu weit ist die Terrasse entfernt von den Fans und zu klein der Platz davor! Zu ebener Erde verbindet sich der Alfred-Fischer-Platz mit dem Bürgerforum im Inneren, wo 400 Personen bei jeder Art von Kulturveranstaltung Platz finden. Bei gutem Wetter können die hohen Türen der Westfassade geöffnet werden und die Veranstaltungen gleichzeitig drinnen wie draußen stattfinden.

Dieses Vernetzen mit dem öffentlichen Raum geschieht ähnlich geschickt an der – man muss vielleicht hinzufügen: ehemaligen – Vorderseite, hinter der großzügigen, historischen „Schaufensterfassade" an der Ebertstraße. Dort liegen mit Empfangstresen, Café sowie Informations- und Beratungsbereichen die ersten Anlaufstellen für den Publikumsverkehr – man spürt die klare Ansage, dass ein Rathaus heute ein Dienstleistungszentrum mit möglichst geringer Barriere und entsprechend niedriger Schwellenangst zu sein hat.

Es sind insbesondere zwei Aspekte, die hier richtungsweisend sind. Der eine fällt vielleicht besonders dem „Ex-Ruhri" auf, der in einem backsteinexpressionistischen Krankenhaus geboren wurde und später nach Hamburg gezogen ist. Er erkennt eine erhoffte Beziehung: Hamburger Kontorhausanmutung, *made in Gelsenkirchen*, kombiniert mit „Ruhnauscher Glasbetonsachlichkeit", von einer Qualität, die in Hamburg seltener zu finden ist. Durch diesen fließenden Übergang von Innen- und Außenbereich wird der Eindruck eines „offenen Hauses" für den Bürger glaubwürdig architektonisch inszeniert.

Der zweite Aspekt ist in der Emanzipation des Begriffs „Entkernung" zu finden, dem mit einer gekonnten „Verzahnung" oder „Verwebung" von Alt und Neu seine negative Assoziation genommen wurde.

3

Rundgang mit Ausrufungszeichen

› An mehreren Stellen wird dieses Thema gekonnt gespielt, beispielsweise bei der Vermählung von Stein und Glas an der Südseite, deren jeweilige ideologische

4

structure in line with the brick facade forms the face of the building towards the plaza, where previously a mediocre extension from the 1950s had obscured the view.

Behind the light, transparent façade of the upper floors, the council chamber has, metaphorically speaking, been "floated" into Gelsenkirchen's urban space. And when you take a close look you can detect a roof loggia, behind which the mayor's tract is located. In theory it would be possible to celebrate the FC Schalke 04 team here, should it finally come to pass again that a championship can be announced. However, a balcony scene that gives you goosebumps, such as that at the Marienplatz in Munich, would not happen: the terrace is too far away from the fans and the space in front is too small. At ground level, Alfred-Fischer-Platz links up with the citizens' forum inside, where there is space for 400 people at any type of cultural event. During fine weather, the high doors of the western facade can be opened and the events can take place both inside and out.

Similarly skillful is the interaction with public space at the—perhaps I should say former—front, behind the generous historic "shop window facade" along Ebertstrasse. With its reception counter, café, information point, and advice area, this is the first point of arrival for the public; there is a clear sense of a statement that says that nowadays, a town hall should be a service center with as few physical and psychological barriers as possible.

We should look at two aspects that provide a key to the architecture. One of them is perhaps particularly apparent to someone who was born in an expressionist brick hospital and later moved to Hamburg. This person detects a hoped-for relationship: the sense of a Hamburg Kontorhaus made in Gelsenkirchen combined with "glass/concrete objectivity" à la Ruhnau of a quality that is more rarely found in Hamburg. Through this flowing transition between the interior and the outside, the impression of an "open house" for citizens is architecturally manifested in a credible fashion.

The second aspect lies in the emancipation of the term "stripping out," which was "stripped" of its negative association by skillfully interweaving the old with the new.

Then, in the decades that followed, Fischer's architectural and political message was dealt with in a variety of very different ways. Even though it suffered little war damage [6,7›], Hans-Sachs-Haus was converted and extended in the 1950s, it must be said however, without any real design ambition. From 2001, after serious defects were discovered during refurbishment work, demolition was finally on the agenda. The political decision was finally made in 2005: "dilapidated" was the key message, and it was justified. After some controversy about how to finance the refurbishment via a PPP (public-private partnership) scheme, an attempt which turned out not to be viable, an architectural competition was finally organized in 2008, which was for a new building while maintaining the protected and listed facade. There were immediate strong reactions on the part of the listed building officials—using well-known buzzwords such as "sacrilege" and "pastiche architecture."

However, getting stuck in ideology—that once again proved to be the case—is not a great idea when it comes to building. Because, with their winning competition entry and the subsequent implementation, the architects von Gerkan, Marg and Partners teach us how, with care and imagination, the spirit of the time can be recaptured on an immaterial level so to speak—to preserve the past does not mean to put bricks upon bricks just as they were before.

Brick Architecture and New Objectivity

› At the back of Hans-Sachs-Haus, a public plaza named Alfred-Fischer-Platz has been created for Gelsenkirchen's citizens by demolishing the extension building from the 1950s. The tower, which originally housed a hotel, is now back in full view, and the building corner at Munckelstrasse has been rounded off to repeat the pattern of the main facade along Ebertstrasse. A glass front with a horizontal

Round Tour with Exclamation Mark

› This subject is skillfully played out in several places, for example in the marriage of stone and glass on the south side, with their ideological messages of enclosure

Botschaften von Geschlossenheit und Stärke einerseits, Transparenz und Offenheit andererseits, sich in einer semantischen Grauzone verlieren. Ein weiteres Beispiel ist die Detaillierung der Treppenhäuser mit ihrem zwar neuen Farbleitsystem, das sich aber so weit an das historische Vorbild anlehnt, dass man spürt: Da kommt die Erinnerung – trotz Entkernung.

Im Maßstab des Gesamtgebäudes betrachtet, verzahnt sich eine neue fünfgeschossige gläserne „Kommode" in U-Form mit den alten Außenmauern, man kann auch sagen: Wie ein Hufeisenmagnet zieht der Neubauteil nun die Gelsenkirchener Bürger an, sobald sie die Außentüren durchschritten haben. Dieses U ist als einfacher Zweibund organisiert, das heißt an einem Mittelgang liegen jeweils Einzelbüros, wie man das so mag in der Behörde. Diese Einheiten lassen allerdings auch eine Gruppenbürostruktur zu, entweder nach außen oder nach innen zum Lichthof gelegen, immer hell. Und ganz oben, wo man als Besucher im Atrium auf einer schmalen Galerie an den Beamtenzimmern entlanggehen und hineinschauen kann, gibt es Anlass für eine kleine boshafte Frage: Füttern verboten? Die Verunsicherung war groß, ob man das zulassen darf, oder ob man aus diesen prächtigen Zimmern doch besser Abstellräume hätte machen sollen, um die Beamten vor neugierigen Blicken zu schützen. Der Mut wurde belohnt: Führungskräfte arbeiten ausgesprochen gerne in diesen Räumen und zeigen symbolisch, dass sie nichts zu verbergen haben.

5

Stellt man sich nun als Bürger selbstbewusst mitten in das fantastische Atrium und blickt nach oben, eröffnen sich einem einmalige und durchaus unterschiedliche Aussichten. Die aus den Fassaden ragenden horizontalen Geschossdeckenbänder mit ihren abgerundeten Ecken werden in schwindelerregender Höhe von einer grafisch strukturierten Lichtdecke überdeckt. Ihre Rundungen sind klar als ein Zitat aus dem Repertoire von Alfred Fischer erkennbar. „Die Bänder setzen den Gestus der Gestaltung der historischen Fassade fort", formulierte es Volkwin Marg entsprechend. Wenn sich der Blick senkt, wird an den Bürofassaden, die einen zu drei Seiten umgeben, das Zusammenspiel von Stützen und Geschossdecken im hell-weißen Putz deutlich, das wie ein großer Setzkasten mit modernen Bürolandschaften erscheint. „Da ist dem Geist unserer Gegenwart Leichtigkeit entlockt", möchte man mit Albert Schulze-Vellinghausen sagen.

Man erhält auch Einblick in die von Katharina Marg farblich unterschiedlich akzentuierten Flure, deren Leitsystem sich an der ursprünglichen Signaletik von Max Burchartz orientiert. All dies ist besonders gut von den Galerien des Ratsflügels aus sichtbar, etwa aus dem gläsern-transparenten Ratssaal.

Die besondere Regie eines Bauens in vorgegebener Fassadenhülle bringt aber auch eigenwillige Raumkonstellationen mit sich. Im Mansardgeschoss etwa verfügen viele der Räume gezwungenermaßen nur über kleine Fensterscharten oder Dachluken, bekommen dafür aber durch neue Oberlichter unerwartet viel Licht von oben. Da der ehemalige Hotelturm in den oberen Geschossen für eine permanente Büronutzung nicht genehmigungsfähig war, wurde mit der wunderbaren Galerie und ihrem bis unter das Dach reichenden Luftraum für künstlerische Installationen aus der Not eine Tugend gemacht.

Extro

› Das neue Hans-Sachs-Haus wurde 2014 von der Jury des Balthasar-Neumann-Preises ausgezeichnet, einem Preis, mit dem die „beispielhafte, innovative und über technisch etablierte Standards hinausgehende Zusammenarbeit verschiedener Fachdisziplinen an einem Bauwerk" geehrt wird – integrale Planungen mit den Gewerken der technischen Gebäudeausstattung (TGA) beziehungsweise Integration aller nachhaltigen, energetischen Belange. In den Augen der Jury war das Hans-Sachs-Haus als eindeutig gelungenes Beispiel eine Bestätigung des Ansatzes, dass gute Architekten sich nicht allein im Künstlerischen erschöpfen, sondern auch technisch brillieren sollen. So funktioniert das Atrium als ein großer Klimapuffer im Zentrum des Gebäudes, das als Ganzes über ein geothermisches System mit Erdsonden und Wärmepumpen und sogenannte Betonkerntemperierung ganzjährig beheizt oder gekühlt wird. Erst die Entkernung und der folgende neue Grundaufbau lieferten die Möglichkeiten für diesen zeitgemäßen, technisch nachhaltigen Ausbau. Ein weiterer Hinweis darauf, dass das Wort „Entkernung" zugunsten eines gesamtheitlichen Ansatzes seinen Schrecken verlieren kann. Hier jedenfalls ist der Mehrwert groß, und die Bewahrung emotionaler Qualitäten und Erinnerungen scheint auch nicht ausschließlich über die denkmalpflegerische Konservierung von Stein und Mörtel zu funktionieren.

6

and strength on the one hand, and transparency and openness on the other, lost in a semantic grey zone. Another example is the detailing of the stairwells with their color guide system which, although new, still emulate the historic example to such an extent that you feel: here comes the memory, in spite of the stripping out.

Looking at the building as a whole, a new five-story glass "chest" in U-shape interacts with the old external walls; one might be tempted to say that the new part of the building now draws in the citizens of Gelsenkirchen like a horseshoe magnet as soon as they have passed through the external doors. This U has been organized as a straightforward double-loaded corridor, which means individual offices are placed either side of a central corridor, a layout that is popular with the authorities. Nevertheless, these units can also be grouped together to create open-plan offices, either oriented towards the outside or to the inside light well, both with plenty of daylight. And at the very top, where visitors can walk along a narrow gallery in the atrium, passing and looking into the officers' rooms, there is cause for a small, facetious question: feeding not allowed? The insecurity was considerable, i.e. whether this should be allowed or whether it would not have been better to turn these magnificent rooms into storage rooms in order to protect the officers from curious eyes. The courage was rewarded: management staff are particularly happy to work in these rooms, symbolically demonstrating that they have nothing to hide.

A citizen stepping full of confidence into the midst of the fantastic atrium and looking up will benefit from a unique and thoroughly changeable vista. The horizontal deck bands with their rounded corners, projecting forward from the facades, are covered at a breathtaking height by a graphically textured light ceiling. Its rounded details can clearly be recognized as a reference to Alfred Fischer's repertoire. "The bands continue the design gesture of the historic facade" is how Volkwin Marg expressed it. When you lower your gaze and look at the office facades surrounding you on three sides, you notice the interaction of columns and floor decks in bright white plaster, appearing like a large typesetting case with modern office landscapes. "This is lightness teased from the spirit of our time," one is tempted to say, to quote Albert Schulze-Vellinghausen.

You can also catch a glimpse of the corridors with their different color coding by Katharina Marg, who emulated the original guide system with its color coding by Max Burchartz. All this can be viewed particularly well from the galleries of the council wing, for example from the transparent, glazed council chamber.

But fitting a new building into a given facade envelope also involves some rather idiosyncratic room constellations. In the mansard story, for example, many of the rooms of necessity only feature small narrow windows or rooflights, but in recompense receive an unexpected amount of light from above via new rooflights. Because the former hotel tower did not receive building regulation approval for permanent office use in the upper floors, necessity was turned into virtue by dedicating the wonderful gallery room, with its airspace right up to the roof, to artistic installations.

Extro

› In 2014, the new Hans-Sachs-Haus was awarded the Balthasar-Neumann prize, a prize that honors the "exemplary innovative cooperation of different architectural disciplines that far exceeds established technical standards"—design involving the integration of all services installations (M&E), in particular those relating to sustainability and energy conservation. In the eyes of the jury, Hans-Sachs-Haus is a singularly successful example of an approach in which architects not only excel in artistic design, but also show technical brilliance. A case in point is the atrium, which acts as a large climate buffer in the center of the building, the whole of which is heated / cooled throughout the year via a geothermal system with earth probes, heat pumps, and what is known as concrete core pre-heating. This contemporary, technically sustainable infrastructure would not have been possible without stripping out the building and rebuilding it from the foundations up. This is another instance in which the term "stripping out" can lose its horror in favor of a holistic approach. In any case, the added value is huge,

7

Wichtiger ist es vielleicht, den Geist früher Jahre, der von Ruhrgebietsstolz geprägt war, in die heutige Zeit zu retten.

Frühjahr 2014: Ratssitzung im Hans-Sachs-Haus im Zeichen der anstehenden Kommunalwahl. Worum es geht? Natürlich ums Geld, sagen die Rathausdiener, da müsse man ja in Gelsenkirchen nicht lange überlegen. SPD-Bürgermeister Frank Baranowski diskutiert mit einem Abgeordneten der Linken, ob man hier im Plenum den Wortschatz des Götz von Berlichingen verwenden dürfe. Der Abgeordnete wirft ein: „Solange dieses Wort im Duden steht - sicherlich!" Die Zuschauertribüne ist voll besetzt, die Bürger sind amüsiert, großes Kino in einem so typisch holzherrlichen gmp-Ambiente mit einem Abgeordnetenrund, das einem bundesdeutschen Landtag oder dem Bundesrat in nichts nachsteht. Wenn die Architekten von Gerkan, Marg und Partner Räume für die Öffentlichkeit komponieren, dann mit Akkuratesse und gekonnter Materialauswahl, es entsteht ein Milieu - gediegen, wertig, traditionell und modern - und das alles zusammen. „Kann Gelsenkirchen sich das leisten?", lautet die unausgesprochene Frage. Ja! „Armut darf nicht klein und nicht hässlich machen", sagte Michael Groschek, damaliger Bauminister in Nordrhein-Westfalen, 2013 bei der Eröffnung des Hauses, und in der Tat tut dieser Stadt ihr neues altes „Rathaus" gut. Ältere Gelsenkirchener, denen ihre verwahrlosten Parks und Fußgängerzonen manchmal auf die Nerven gehen, fühlen sich hier wieder zu Hause, und das ist doch wohl die wichtigste Leistung von Architektur und Raum!

Architektin und Architekt, kommst Du nach Gelsenkirchen, so schau Dir nicht nur den Ruhnau an ...

and the conservation of emotional qualities, of memories, seems to function not exclusively via the preservation of bricks and mortar in a purely conservationist manner. Perhaps it is more important to rescue the spirit of former years, characterized by the pride of the Ruhr area, for contemporary appreciation.

In the spring of 2014: council meeting at Hans-Sachs-Haus shortly before the municipal elections. What is at stake? "Obviously, money" say those serving at the town hall, that not being much in doubt in Gelsenkirchen. SPD Mayor Frank Baranowski discusses with an MP of the left whether it would be permissible to use a Götz von Berlichingen term here in the plenary. The MP responds: "Of course, as long as the word is listed in the Duden dictionary!" The visitor balcony is fully occupied, the citizens are amused; a great show in a gmp ambiance, with its marvelous wood finishes and a seating area for MPs that is nothing short of that of the German Federal Council or a German Federal state parliament. When the architects von Gerkan, Marg and Partners compose rooms for the public, they do this with great precision and a skilled selection of materials, creating an ambiance that is dignified, worthy, traditional, and modern—all at the same time. "Can Gelsenkirchen afford it?" is the implied question. Yes! "Poverty must not result in the small or ugly," said Michael Groschek, at that time North Rhine-Westphalia's Construction Minister, in 2013 during the opening of the building, and in fact this new old "town hall" does the city good. Some of Gelsenkirchen's older citizens, who are sometimes fed up with their run-down parks and pedestrian areas, are made to feel at home again and that, no doubt, is the most important positive effect of architecture and space!

Architects, if you come to Gelsenkirchen, do not just visit the Ruhnau...

Pläne und Zeichnungen

Plans and Drawings

Lageplan
Site plan

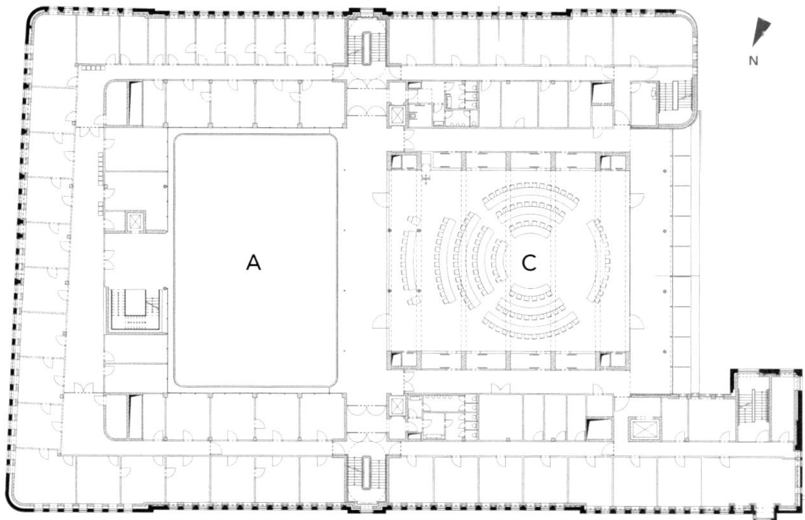

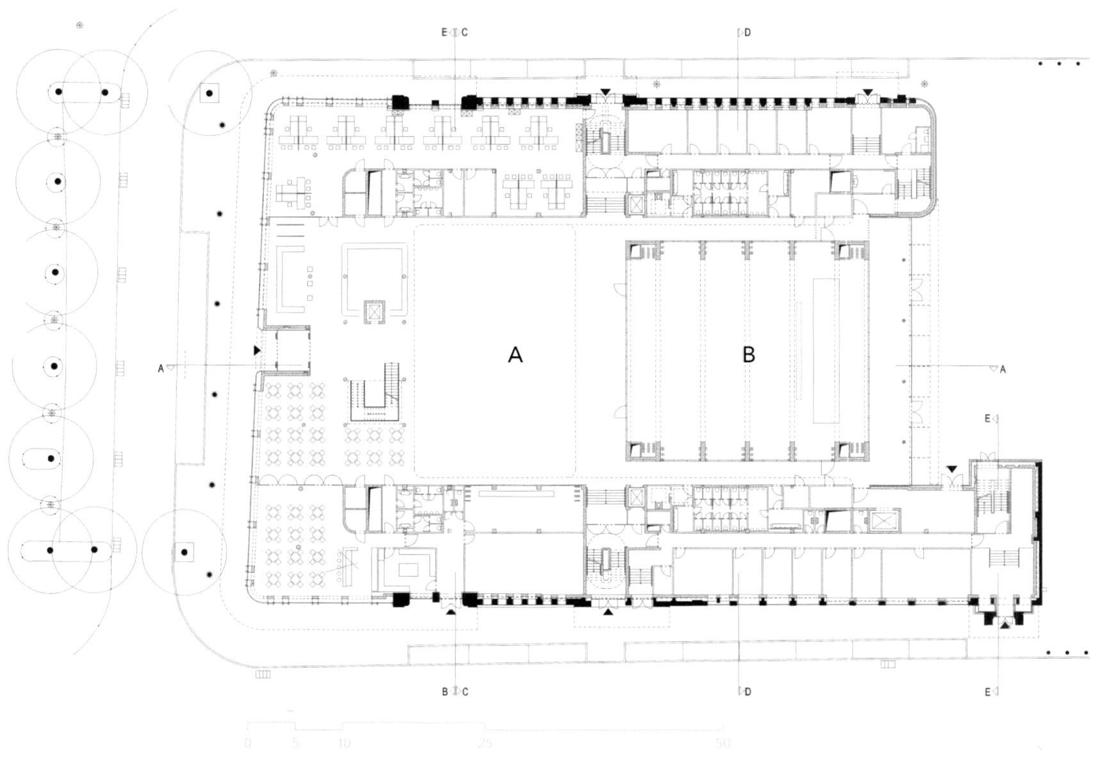

Grundriss 2. OG
Floor plan level 02

Grundriss EG
Floor plan level 0

A Atrium
Atrium
B Bürgerforum
Citizens' forum
C Ratssaal
Council chamber

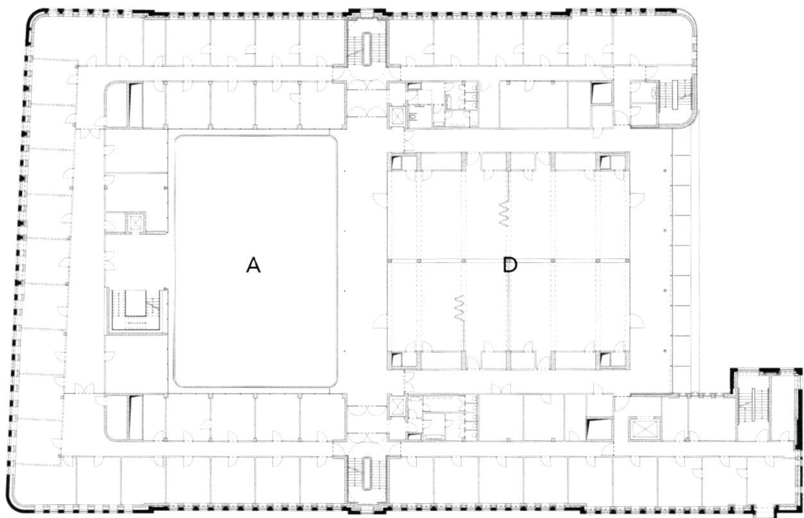

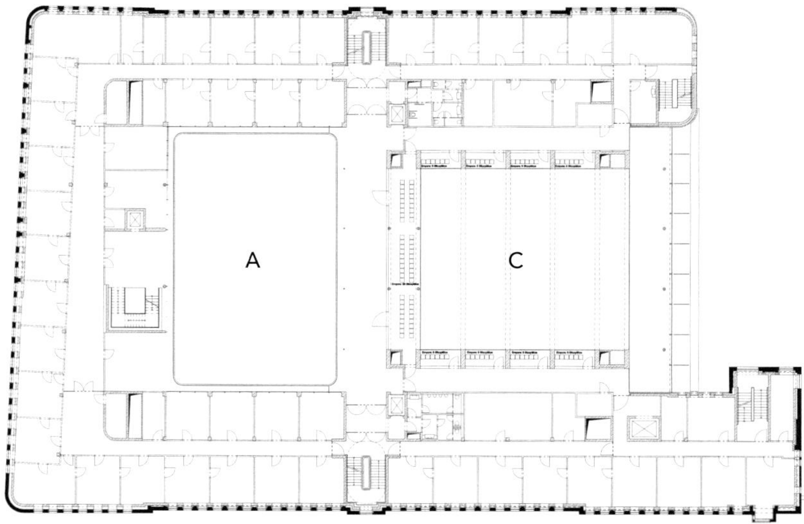

↑ Grundriss 4. OG
Floor plan level 04

↑ Grundriss 3. OG
Floor plan level 03

A Atrium
Atrium
C Ratssaal
Council chamber
D Sitzungssäle
Meeting rooms
E Patio
Patio

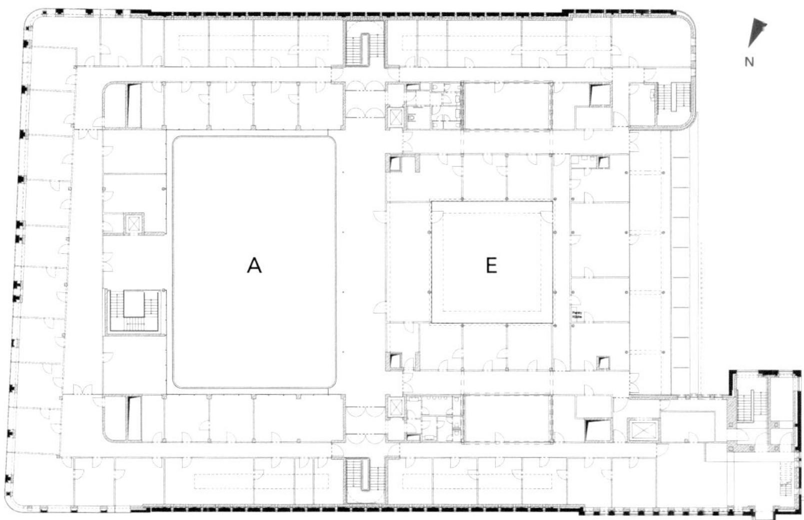

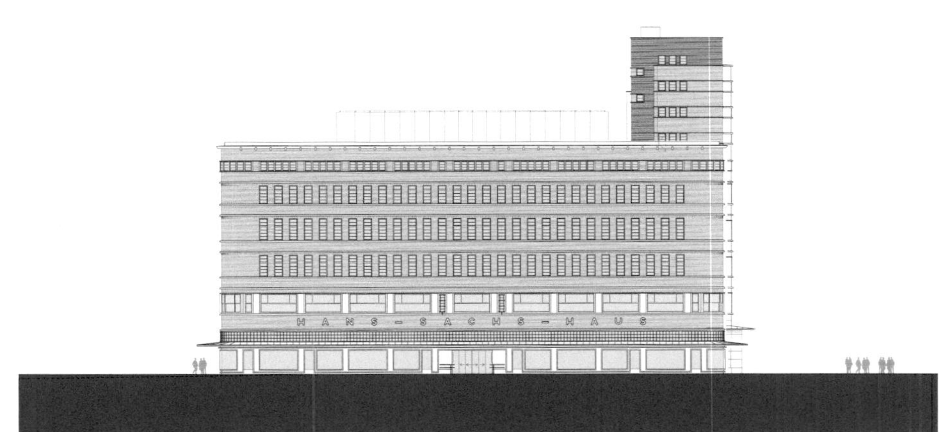

↑ Grundriss 5. OG
Floor plan level 05

Ansicht Ebertstraße
Elevation Ebertstrasse

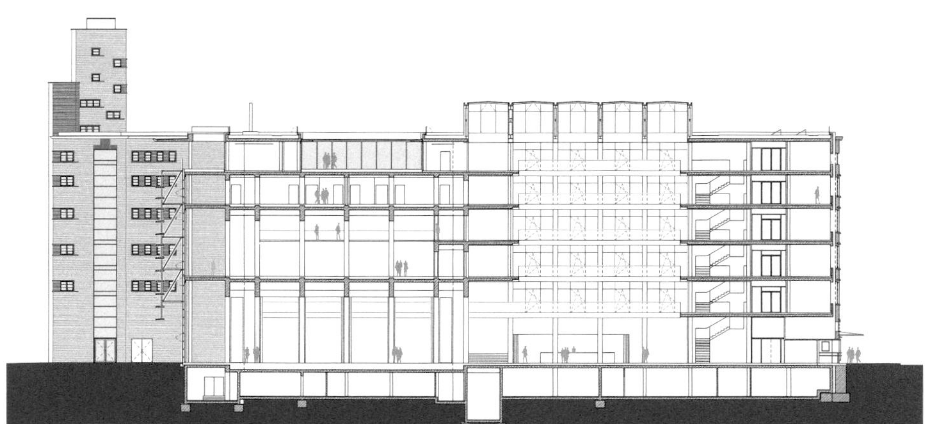

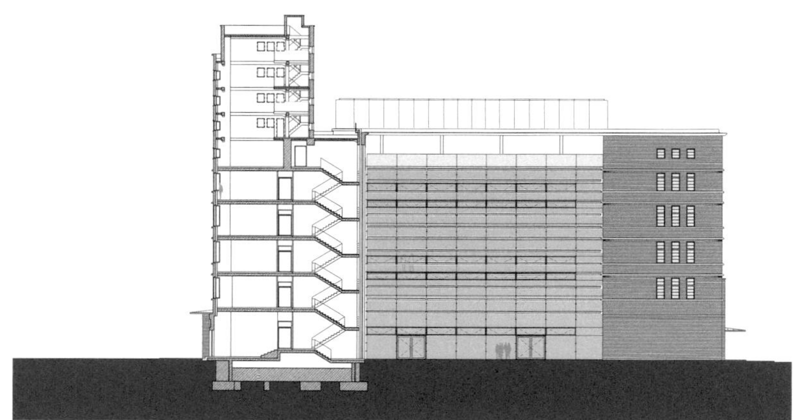

Schnitte A-A, E-E
Sections A-A, E-E

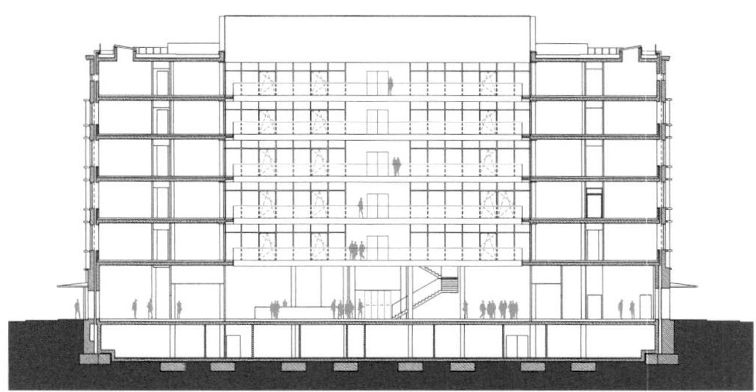

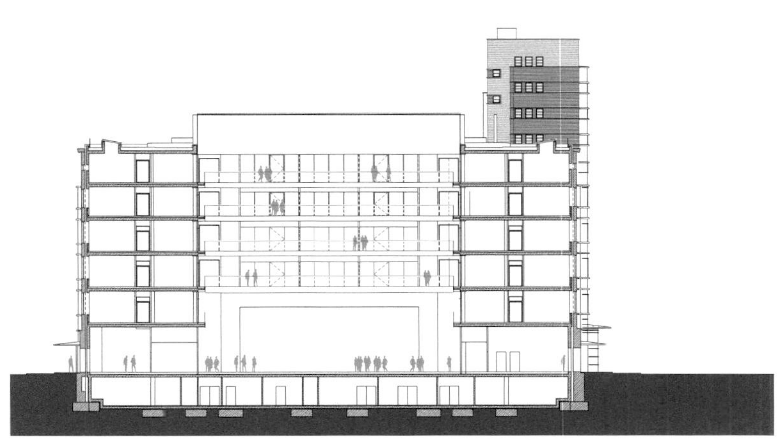

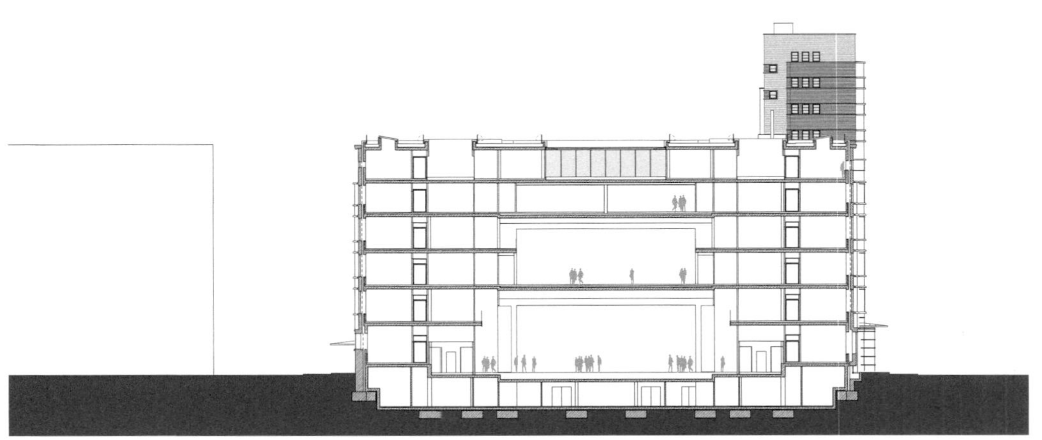

Schnitte B-B, C-C, D-D
Sections B-B, C-C, D-D

Fotografische Dokumentation

Photographic Documentation

Das Hans-Sachs-Haus im Herzen von Gelsenkirchen
Hans-Sachs-Haus in the heart of Gelsenkirchen

→→ ◫ Der Alfred-Fischer-Platz
Alfred-Fischer-Platz

Der wieder freigelegte, ursprünglich als Hotel genutzte Turm
The tower, previously used as a hotel, has been restored to its original design.

Die Glasfassade am Alfred-Fischer-Platz nimmt die horizontale Struktur der Backsteinfassade in Form von Sonnenlamellen auf.
The solar screening in front of the glass facade facing Alfred-Fischer-Platz takes up the horizontal emphasis of the brick facade.

Die Gebäudeecke an der Munckelstraße wurde analog
zur historischen Hauptfassade an der Ebertstraße abgerundet.
The building's corner at Munckelstrasse was rounded off
to replicate the pattern of the historic main facade at Ebertstrasse.

Stadt- und Touristinfo
Stadt- und Touristinfo
N S - S A C H S - H A U S

◫ ← Historische Fassade an der Ebertstraße
Historic facade at Ebertstrasse

Rekonstruiertes Vordach mit dem darüber liegenden Band aus Glasbausteinen
Reconstructed canopy with fenestration band of glass bricks above

RESTAURANT
DUBROVNIK
HOTEL
H

H A N S – S A

HS-HAUS

H A N S - S A

HS-HAUS

Bürgerforum
Citizens' forum

Blick in das Atrium
View into the atrium

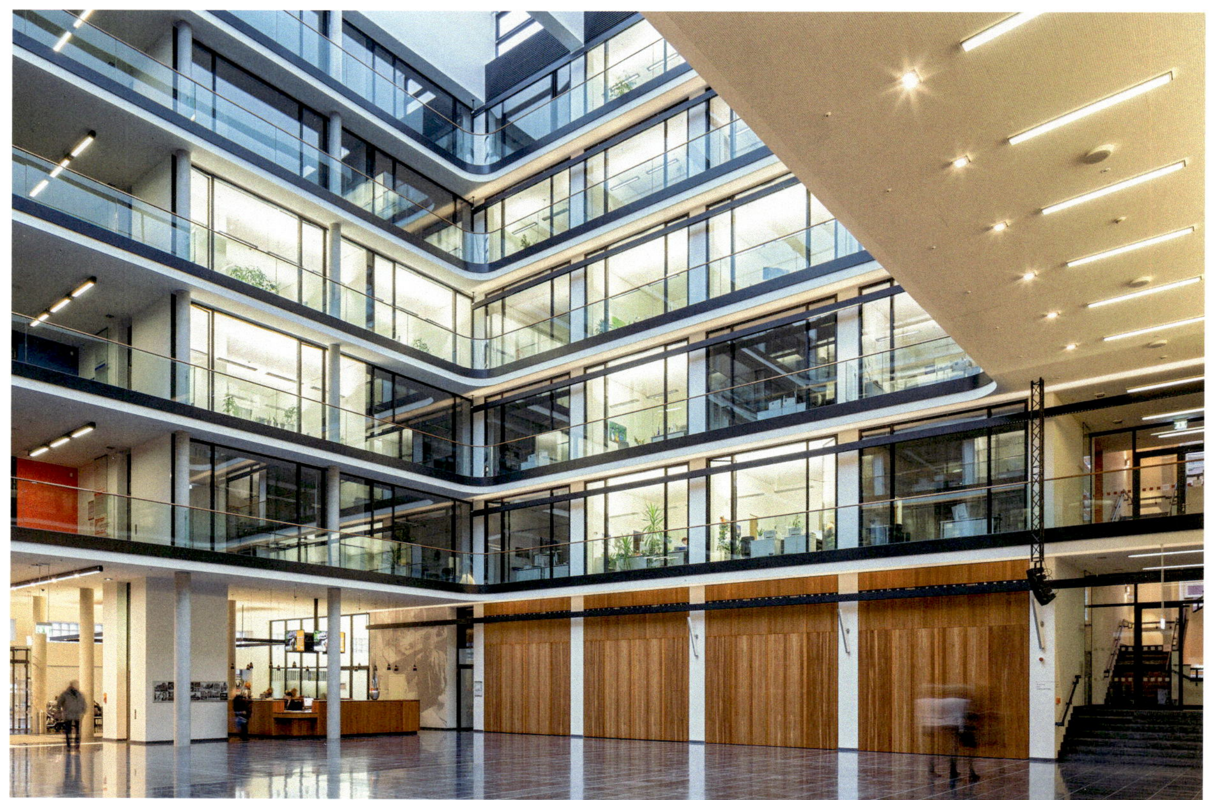

Die abgerundeten Atriumecken korrespondieren mit der Außenfassade.
The rounded corners of the atrium match those of the external facade.

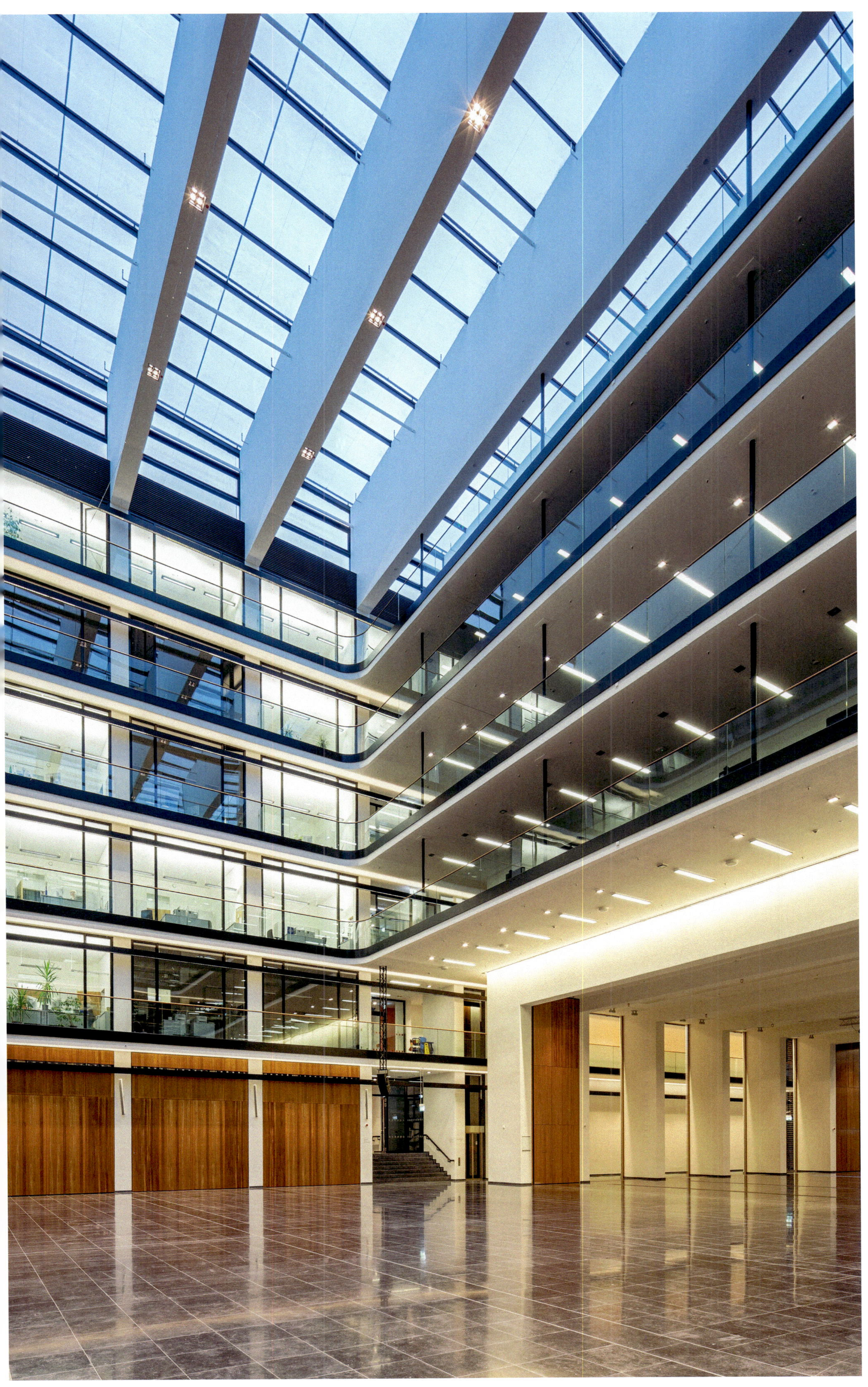

Lichtdecke über dem Atrium
Light ceiling above the atrium

Ratssaal
Council chamber

Im Erschließungsbereich ist jedem Geschoss eine Farbe zugeordnet, angelehnt an das historische Farbleitsystem von Max Burchartz.
In the circulation area each floor has been assigned a color, a scheme that was inspired by the historic color guide scheme by Max Burchartz.

Die Treppenuntersicht kündigt farblich das nächste Geschoss an.
The color on the underside of the staircase indicates the functions on the next floor.

Oberbürgermeister

Kinetisches Mobile – „Gesichter Gelsenkirchens"
Betritt der Besucher das neue Hans-Sachs-Haus in Gelsenkirchen, eröffnet sich ihm unmittelbar hinter dem Eingangsbereich das große, helle Atrium. Der Luftraum wird von drei Seiten von den Büros der Stadtverwaltung, und auf der vierten von Galerien, dem Ratssaal und Sitzungsräumen umschlossen.

Im Rahmen eines umfassenden Gestaltungskonzepts schlug formkombinat für das Atrium ein raumgreifendes, aber zugleich transparentes Mobile mit kinetischem Solarantrieb vor.

Entstanden ist ein komplett in sich bewegliches Objekt, 14 Meter breit und 20 Meter hoch. Bestückt ist es mit 24 Bannern von 1×1 Meter sowie vier Bannern von 2×4 Metern Größe, die schwarz-weiße Porträtaufnahmen von Gelsenkirchener Bürgern zeigen (Fotograf: Pedro Malinowski). Die Porträts sind auf transluzenten Fahnenstoff gedruckt, was dem Mobile zusätzliche Leichtigkeit verleiht. Ein kleiner Propeller im oberen Querträger, angetrieben durch zehn Solarpanels, versetzt die Bilder in eine kontinuierliche sanfte Bewegung.

Die Idee des Mobiles fand großen Zuspruch bei den Bürgern. 130 Gelsenkirchener Kinder, Frauen und Männer hatten sich nach einem öffentlichen Aufruf beworben, der Stadt ihr Gesicht zu geben. „Gesichter Gelsenkirchens" ist mehr als eine raumgestaltende Installation. Es steht symbolisch für den Anspruch des neuen Hans-Sachs-Hauses, ein Forum für die Bürger zu sein und zeigt deren Verbundenheit mit ihrer Stadt.

"Gelsenkirchen Faces"–a Kinetic Mobile
Visitors entering Hans-Sachs-Haus in Gelsenkirchen find themselves in the large, light atrium that follows on immediately from the entrance area. The air space is enclosed on three sides by the offices of the City administration, and on the fourth side by galleries, the council chamber, and meeting rooms.

As part of a comprehensive design concept for the atrium, formkombinat proposed a space-filling but at the same time transparent mobile with a kinetic solar drive

The creation is a fully mobile object measuring 14 meters in width and 20 meters in height. It is made up of 24 banners measuring 1 × 1 meters and 4 banners of 2 × 4 meters, which show black and white portraits of Gelsenkirchen citizens (photographer: Pedro Malinowski). The portraits are printed on translucent flag material, which conveys an additional lightness to the mobile. A small propeller attached to the top cross member and driven by ten solar panels causes the images to perform a continuous gentle movement.

The idea of the mobile was very popular with the citizens. After a public appeal, 130 Gelsenkirchen children, women, and men had applied to donate their faces to the city. "Gelsenkirchen faces" is more than a space-filling installation. It is a symbolic gesture indicating that Hans-Sachs-Haus is a forum for the citizens, demonstrating their connectedness with their city.

Text von by Katharina Marg

... Gelsenkirchen
... transparent

Anhang

Appendix

gmp Entwurfsteam Design Team

Volkwin Marg
Prof. Dr.-Ing. h.c. Architekt BDA

geboren 1936 in Königsberg/Ostpreußen. Gemeinsam mit Meinhard von Gerkan gründete Marg 1965 gmp · Architekten von Gerkan, Marg und Partner. Mit dem Flughafen Berlin-Tegel stand schon zu Beginn seiner Karriere ein bedeutendes Projekt. 1979 bis 1983 war Marg Präsident des Bundes Deutscher Architekten (BDA) und wurde 1986 als Nachfolger von Gottfried Böhm auf den Lehrstuhl für Stadtbereichsplanung und Werklehre an der Fakultät für Architektur an der RWTH Aachen berufen. Margs Werk ist vielfältig, international wurde er mit seinen Stadienbauten rund um die Welt bekannt. Er ist Mitglied der Deutschen Akademie für Städtebau und Landesplanung und der Freien Akademie der Künste zu Hamburg und Berlin. Zudem ist er Mitbegründer der gmp-Stiftung und der Academy for Architectural Culture (aac) zur Förderung junger Architekten. Marg ist mit zahlreichen Auszeichnungen geehrt worden, unter anderem mit dem Fritz-Schumacher-Preis, der Plakette der Freien Akademie der Künste Hamburg, dem Großen Preis des Bundes Deutscher Architekten und mit dem Bundesverdienstkreuz.

Born in 1936 in Königsberg, East Prussia, Marg, in partnership with Meinhard von Gerkan, founded gmp · von Gerkan, Marg and Partners Architects in 1965. With Berlin Tegel Airport, a significant project marked the very beginning of his professional career. From 1979 to 1983, Marg was President of the Association of German Architects (BDA). In 1986 he accepted the nomination to the Chair of Urban Design and Material Studies at the Faculty for Architecture at Aachen Technical University (RWTH), becoming the successor of Gottfried Böhm. Marg's oeuvre is multi-faceted, although his world-wide international reputation is based on his stadium buildings in many corners of the globe. He is a member of the German Academy for Urban Design and Regional Planning and the Freie Akademie der Künste in both Hamburg and Berlin. In addition, he is a co-founder of the gmp Foundation and the Academy for Architectural Culture (aac) for the advancement of young architects. Marg has received numerous awards, such as the Fritz Schumacher prize, the medal of the Freie Akademie der Künste Hamburg, the Grand Award of the Association of German Architects, and the Federal Cross of Merit.

Hubert Nienhoff
Dipl.-Ing. Architekt

geboren 1959 in Kirchhellen. Nienhoff studierte Architektur an der RWTH Aachen und arbeitete nach seinem Diplom zunächst für das Architektur- und Städteplanungsbüro Christoph Mäckler. 1988 bis 1991 war er Assistent am Lehrstuhl für Stadtbereichsplanung und Werklehre an der RWTH Aachen und wurde Mitarbeiter im Büro gmp · Architekten von Gerkan, Marg und Partner. Seit 1993 ist Nienhoff Partner bei gmp. Er leitet die Büros in Berlin, Moskau und Rio de Janeiro. Zu den von ihm verantworteten Projekten zählen unter anderem die Neue Messe Leipzig, der Bahnhof Berlin-Spandau, das Olympiastadion Berlin, WM-Stadien in Südafrika und Brasilien, das Hans-Sachs-Haus in Gelsenkirchen sowie die Neue Messe Teheran. Nienhoff gehörte dem Gründungskonvent der Stiftung Baukultur an und war bis 2016 Mitglied des Außenwirtschaftsbeirates des Bundesministeriums für Wirtschaft und Technologie. Als Mitinitiator der aac (Academy for Architectural Culture) engagiert er sich für die Förderung junger Architekten.

Born in 1959 in Kirchhellen, Germany, Nienhoff studied architecture at Aachen Technical University (RWTH). His first professional appointment was with the architects and town planning practice Christoph Mäckler. Nienhoff was an assistant professor at the Chair of Urban Design and Material Studies at RWTH Aachen from 1988 to 1991 and joined gmp · von Gerkan, Marg and Partners Architects, where he has been a partner since 1993. Nienhoff is in charge of the branch offices in Berlin, Moscow and Rio de Janeiro. The projects for which he has been responsible include the Leipzig New Trade Fair, the Berlin Spandau Railway Station, the Berlin Olympic Stadium, World Cup stadiums in South Africa and Brazil, the Hans-Sachs-Haus in Gelsenkirchen, and the New Exhibition Center in Tehran. Nienhoff attended the founding convention of the German Federal Foundation of Baukultur, and until 2016, he was a member of the Foreign Trade Council of the German Federal Ministry for Economic Affairs and Technology. As one of the initiators of the aac (Academy for Architectural Culture), he is committed to advancing young architects.

Projektleitung
Project Management

Christian Hoffmann
Dipl.-Ing. Architekt

geboren 1958 in Werdohl/Westfalen, studierte Architektur an der RWTH Aachen. Seit 1987 Mitarbeit im Büro von Gerkan, Marg und Partner in Aachen, 1987 bis 1992 wissenschaftlicher Mitarbeiter am Lehrstuhl Prof. Marg für Stadtbereichsplanung und Werklehre an der RWTH Aachen, seit 1992 Leitung des Büros in Aachen, seit 2009 assoziierter Partner bei gmp. Er leitete unter anderem folgende Projekte: die A 380-Wartungshalle der Lufthansa in Frankfurt am Main, den Century Lotus Sportpark in Foshan, China, das RheinEnergie-Stadion in Köln, das Nationalstadion in Bukarest, der Sportpark in Taschkent, Usbekistan, die Erweiterung des Flughafens Paderborn/Lippstadt und das Olympiastadion in Kiew.

Born in 1958 in the German Werdohl, Westphalia, Hoffmann studied architecture at Aachen Technical University (RWTH); he joined von Gerkan, Marg and Partners at the Aachen office in 1987, and from 1987 to 1992 he was a scientific assistant at the Chair of Urban Design and Material Studies at Aachen Technical University, which was then chaired by Prof. Marg. He has been in charge of the Aachen office since 1992 – since 2009 in the capacity of associate partner. Projects directed by him include the A 380 maintenance shop for Lufthansa in Frankfurt, the Century Lotus Sports Park in Foshan, China, the RheinEnergie stadium in Cologne, the National Stadium in Bucharest, the Tashkent Sports Park in Uzbekistan, the Paderborn/Lippstadt Airport extension, and the Olympic Stadium in Kiev, among others.

Jutta Hartmann-Pohl
Dipl.-Ing. Architektin

geboren 1962 in Bottrop, studierte an der TU Braunschweig und an der RWTH Aachen und bestand dort 1989 ihr Diplom mit Auszeichnung. Sie ist Preisträgerin der Springorum-Denkmünze der RWTH Aachen. Seit 1989 arbeitet sie bei gmp · Architekten von Gerkan, Marg und Partner, wo sie heute Direktorin am Standort Aachen ist. Als Projektleiterin war sie für das Hans-Sachs-Haus in Gelsenkirchen verantwortlich. Derzeit leitet sie den Neubau des Kinderkrankenhauses für das Universitätsklinikum CHUV in Lausanne sowie Erweiterung und Umbau des Hôpital du Valais in Sitten im Wallis, Schweiz.

Born in 1962 in Bottrop, Germany, Hartmann-Pohl studied architecture at TU Braunschweig, and at Aachen Technical University (RWTH) where she qualified with distinction and was awarded the Springorum Memorial Coin. She joined gmp · von Gerkan, Marg and Partners Architects in 1989 and today is director at the Aachen office. In her capacity of project manager she was responsible for the Hans-Sachs-Haus project in Gelsenkirchen. She is currently overseeing the new construction of the children's hospital at the CHUV University Clinic in Lausanne and the extension and conversion of the Hôpital du Valais in Sion, in the Swiss canton of Valais.

Autoren und Fotografen Authors and Photographers

Stefan Goch
Prof. Dr. soc., Sozialwissenschaftler und Leiter des Instituts für Stadtgeschichte in Gelsenkirchen
Social Scientist and Director of the Institute for Urban History in Gelsenkirchen

geboren 1958. Goch studierte Sozialwissenschaft an der Ruhr-Universität Bochum, wo er 1987 promovierte. Anschließend wissenschaftliche Mitarbeit am Institut für Stadtgeschichte in Gelsenkirchen, 1999 Habilitation an der Fakultät für Sozialwissenschaft der Ruhr-Universität Bochum, seit 2006 außerplanmäßiger Professor an der Fakultät für Sozialwissenschaft der Ruhr-Universität Bochum, seit 2011 Leiter des Instituts für Stadtgeschichte in Gelsenkirchen. Goch publiziert insbesondere zu Arbeiterbewegung und Arbeiterkultur, zum Nationalsozialismus, zur Stadt-, Regional- und Landesforschung, zur Entwicklung des Ruhrgebiets, zu politischen Lagern, Milieus und sozialen Bewegungen, zum Strukturwandel, zur Migrationsgeschichte, zur (Fußball-)Sportgeschichte und zur Geschichte Gelsenkirchens.

Born in 1958, Goch studied social sciences at Ruhr University, Bochum, where he received a doctorate in 1987. He then took up an appointment as scientific assistant at the Institute for Urban History in Gelsenkirchen and, in 1999, resided at the Faculty for Social Sciences at Ruhr University, Bochum. In 2006 he became Associate Professor at the Faculty for Social Sciences at Ruhr University, Bochum and proceeded to become director of the Institute for Urban History in Gelsenkirchen in 2011. Goch has published widely, particularly on the labor movement and working class culture, on National Socialism, on urban and regional research, on the development of the Ruhr area, on political camps, social class and social movements, on structural change, on the history of migration, on the history of sport (soccer), and on the history of Gelsenkirchen.

Katharina Marg
Gestalterin, Inhaberin von formkombinat
Designer, Owner of formkombinat

geboren 1966 in Hamburg. Studium der visuellen Kommunikation am Institut de Communication Visuelle der Union Centrale des Arts Décoratifs (UCAD) in Paris, anschließend Junior Art Director in der Werbeagentur Scholz & Friends in Hamburg. Mitbegründerin des Gestaltungsbüros Marg & Kaul Designkonzepte, das von 1993 bis 1996 tätig war. 1997 gründete sie das Gestaltungsbüro formkombinat. Schwerpunkte ihrer Arbeit liegen neben der klassischen visuellen Kommunikation (Printmedien, Corporate Identity, Kampagnenentwicklung) in den Bereichen Ausstellungsarchitektur und -design sowie in der Entwicklung und Umsetzung von Orientierungssystemen und der Kommunikation am Bau.

Born in 1966 in Hamburg, Marg studied visual communication at the Institut de Communication Visuelle of the Union Centrale des Arts Décoratifs (UCAD) in Paris; she then took up employment as junior art director at the advertising agency Scholz & Friends in Hamburg. She is co-founder of Marg & Kaul Designkonzepte, a design studio that was active from 1993 to 1996. She founded the formkombinat design studio in 1997. The main focus of her work is on classic visual communication (print media, corporate identity design, development of advertising campaigns) as well as on exhibition architecture and design, the development and implementation of orientation systems, and on communication in construction.

Dirk Meyhöfer

Autor und Journalist
Author and Journalist

geboren 1950 in Herne/Westfalen. Studium der Architektur in Hannover. Nach dem Diplom zehn Jahre Redakteur im Jahreszeitenverlag in Hamburg, hauptsächlich für *Architektur und Wohnen*. Seit 1987 ist Meyhöfer freiberuflicher Architekturjournalist und -publizist und schreibt unter anderem für *Süddeutsche Zeitung*, *Der Spiegel*, WDR, Deutschlandfunk, *Deutsche Bauzeitung*. Er hat über 60 Bücher zu Stadt und Architektur veröffentlicht und zahlreiche Ausstellungen kuratiert. Seit 1989 ist er Herausgeber des Jahrbuchs *Architektur in Hamburg*. Meyhöfer lehrt unter anderem an der HCU Hamburg und der Detmolder Schule für Architektur und Innenarchitektur.

Born in 1950 in Herne, Westphalia, Meyhöfer studied architecture in Hanover. Following his graduation, he was editor at the Jahreszeiten publishing house in Hamburg for ten years, mostly working for *Architektur und Wohnen* magazine. Since 1987, Meyhöfer has worked as a freelance architectural journalist and author, writing for *Süddeutsche Zeitung*, *Der Spiegel*, Westdeutscher Rundfunk, Deutschlandfunk, *Deutsche Bauzeitung*, among others. He has published over sixty books on cities and architecture and has been the curator of numerous exhibitions. Since 1989 he has been publishing the *Architektur in Hamburg* yearbook. Meyhöfer holds teaching assignments at HafenCity University, Hamburg, and the Detmold School of Architecture and Interior Design.

Hans-Georg Esch

Fotograf
Photographer

geboren 1964 in Neuwied. Esch hat eine klassische Fotoausbildung durchlaufen und ist seit 1989 als freischaffender Architekturfotograf und selbständiger Fotokünstler tätig. Unter anderem hat er für zahlreiche renommierte Zeitungen und Zeitschriften wie den *Stern*, *Die Zeit* oder den Dumont-Verlag gearbeitet. Esch hat Bauten von gmp, Henn Architekten, Ingenhoven Architects, KPF und anderen dokumentiert. Ausgestellte und publizierte Fotostrecken von Esch sind *Megacities*, *City and Structure* oder *Cities Unknown*.

Born in 1964 in Neuwied, Esch completed classic photography training and, since 1989, has been working as freelance architectural photographer and independent photographic artist. He has worked for numerous well-known newspapers and magazines such as *Stern* and *Die Zeit*, as well as for Dumont publishers, among others. Esch has documented buildings by gmp, Henn Architects, Ingenhoven Architects, KPF, and others. Exhibited and published photo galleries by Esch include *Megacities*, *City and Structure* and *Cities Unknown*.

Projektdaten Project Data

Bauherr **Client**
Stadt Gelsenkirchen,
Zentrales Immobilienmanagement
City of Gelsenkirchen,
Central Property Management

Nationaler Wettbewerb **National Competition**
2008 – 1. Preis 1st prize

Entwurf **Design**
Volkwin Marg und and Hubert Nienhoff mit with Rüdiger von Helmolt und and Carsten Borucki

Assoziierter Partner **Associate Partner**
Christian Hoffmann

Projektleitung **Project Leader**
Jutta Hartmann-Pohl

Mitarbeiter Entwurf (alphabetisch)
Design Team (in alphabetical order)
Gesche Arns-Büsker, Stefan Both, Katharina Broese, Elena Flegler, Stefan Greuel, Michael Haase, Verena Hake, Vera Hendrix, Ausias José Loboton, Rouja König, Franz Lensing, Helge Lezius, Evelyn Martens, Angela Modemann, Anna Nibell, Kerstin Otte, Olaf Peters, Simone Schröder-Ripp, Tom Siehoff, Philipp Weber, Ferhat Yildirim

Mitarbeiter Bauleitung (alphabetisch)
Site Supervision Team (in alphabetical order)
Bernd Adolf, Peter Autzen, Nicole Bäumer, Dirk Buchhalla, Jörg Deist, Serhat Gedik, Frank Haake, Martin Heß, Sandra Koopmann, Knut Nell, Jörg Schlieckmann, Dennis Schrowang, Dominik Zimmer

Planungsgemeinschaft mit **Design Consortium with** Winter Ingenieure

Tragwerk **Structural Engineering**
Meyer & Partner, Bochum (bis Abschluss LPH 2 up to and including phase 2), Kempen Krause Ingenieure, Aachen (ab LPH 3 from phase 3)

Haustechnikplanung **Techn. Services Engineering**
Winter Ingenieure, Berlin/Düsseldorf

Bauphysik **Building Physics**
von Rekowski und Partner and Partners, Weinheim

Freiraumplanung **Landscape Design**
Rainer Schmidt Landschaftsarchitekten Landscape Architects, Berlin

Brandschutz **Fire Protection**
hhpberlin Ingenieure für Brandschutz GmbH, Berlin

Lichtplanung **Lighting Design**
Conceptlicht GmbH, Traunreut

Bauzeit **Construction Period**
2010 – 2013

BGF **GFA**
23 170 m²

Bildnachweis Picture Credits

HG Esch
Titelmotiv Cover
Bildstrecke Spreads
· Seiten Pages 6-7, 48-95

gmp
· Seiten Pages 20, 23 f., 40-45

ON Grafik – Hamburg
1 Modifizierte Welt- und Deutschlandkarte
Modified world map and map of Germany
http://d-maps.com
· Seiten Pages 8-9
2 Karte Gelsenkirchen - Stadtgebiet
Map of Gelsenkirchen – City area
http://www.openstreetmap.org
· Seite Page 1[illegible]

Institut für Stadtgeschichte (ISG), Gelsenkirchen
· Seiten Pages 16, 19, 28, 30, 34 f.

Wikimedia
1 *De Stijl*. [volume] 2. 1921-1932. Complete Reprint 1968. Amsterdam: Athenaeum, Den Haag: Bert Bakker, Amsterdam: Polak & Van Gennep, 1968, S. p. 573
· Seite Page 26
2 Foto Photo: Andreas Praefcke
· Seite Page 31
3 Unbekannt Anonymous
· Seite Page 32

Jörn-Hanno Hendrich, Alfred Fischer-Essen, 1881-1950. Ein Architekt für die Industrie, Dissertation, RWTH Aachen, 2011, S. p. 222
· Seite Page 27

ullstein bild
imageBROKER / Wilfried Wirth
· Seite Page 33

Trotz intensiver Bemühungen konnten die Urheber einiger Abbildungen nicht ermittelt werden. Die Urheberrechte bleiben jedoch gewahrt. Wir bitten um entsprechende Mitteilung.

In spite of dedicated efforts, it has not been possible to identify the copyright holders of some of the pictures. Nevertheless, copyright is preserved. We ask to be informed accordingly.

Impressum Imprint

Herausgeber Editors
Volkwin Marg gmp
Hubert Nienhoff gmp

Koordination Editorial Direction
Detlef Jessen-Klingenberg gmp
Berit Liedtke gmp
Sarah Schöning gmp

Layoutkonzept und Satz Layout and Typesetting
ON Grafik, Tom Wibberenz mit with
Hendrik Sichler, Hamburg

Korrektorat Proofreading
Justin Ross (engl.)
Verena Pfeiffer-Kloss (de.)

Lektorat Editing
Detlef Jessen-Klingenberg gmp (de.)
Berit Liedtke gmp (de.)

Übersetzung Translation
Hartwin Busch

Bildredaktion und -bearbeitung Picture Editing
Trixi Hansen gmp
Guido Brixner gmp
Berit Liedtke gmp

Reproduktion Reproduction
DZA Druckerei zu Altenburg GmbH

Druck und Bindung Print Production and Binding
DZA Druckerei zu Altenburg GmbH

Papier Paper
Multi Art Silk von by Papyrus Europe
150 g/m²

Schrift Font
Linotype Avenir Next Pro

Bibliografische Information der Deutschen Nationalbibliothek
Bibliographic information published by the Deutsche Nationalbibliothek
Die Deutsche Nationalbibliothek verzeichnet diese Publikation in der Deutschen Nationalbibliografie; detaillierte bibliografische Daten sind im Internet über http://dnb.d-nb.de abrufbar.
The Deutsche Nationalbibliothek lists this publication in the Deutsche Nationalbibliografie; detailed bibliographic data are available on the internet at http://dnb.d-nb.de

jovis Verlag GmbH
Kurfürstenstraße 15/16
10785 Berlin

www.jovis.de

ISBN 978-3-86859-353-2